초등 영어 교과서 필수 회화 표현

초등영어 100일의 기적

초등 영어 교과서 필수 회화 표현
초등영어 100일의 기적

지은이   초등교재개발연구소
일러스트 김태은
펴낸이   임상진
펴낸곳   (주)넥서스

초판 1쇄 발행 2017년 7월 5일
초판 8쇄 발행 2024년 4월 1일

출판신고 1992년 4월 3일 제311-2002-2호
주소 10880 경기도 파주시 지목로 5
전화 (02)330-5500 팩스 (02)330-5555

ISBN 979-11-6165-052-4 63740

www.nexusbook.com

초등 영어 교과서 필수 회화 표현

초등영어 100일의 기적

초등학생
필독서!

초등교재개발연구소 지음

넥서스

이 책의 구성 및 특징

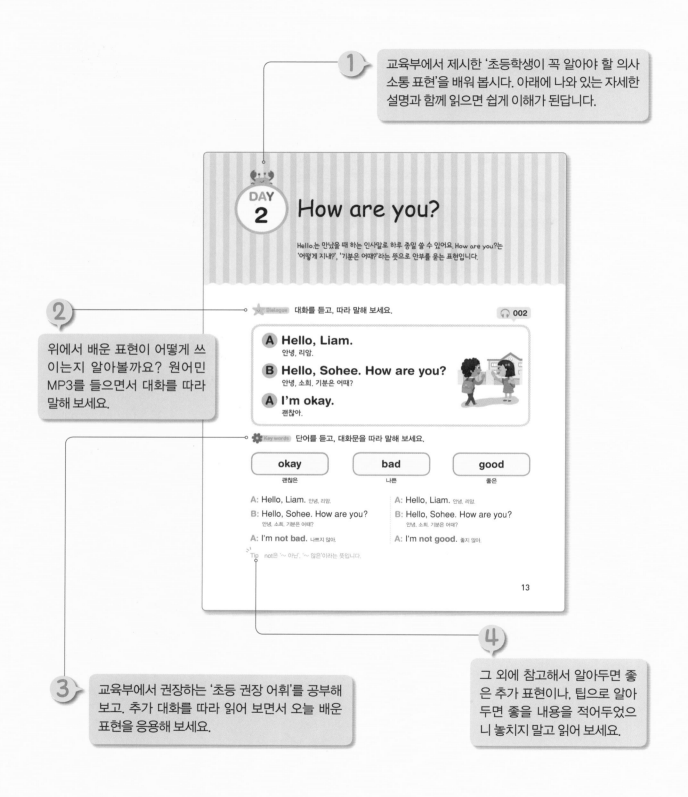

① 교육부에서 제시한 '초등학생이 꼭 알아야 할 의사 소통 표현'을 배워 봅시다. 아래에 나와 있는 자세한 설명과 함께 읽으면 쉽게 이해가 된답니다.

② 위에서 배운 표현이 어떻게 쓰이는지 알아볼까요? 원어민 MP3를 들으면서 대화를 따라 말해 보세요.

③ 교육부에서 권장하는 '초등 권장 어휘'를 공부해 보고. 추가 대화를 따라 읽어 보면서 오늘 배운 표현을 응용해 보세요.

④ 그 외에 참고해서 알아두면 좋은 추가 표현이나, 팁으로 알아 두면 좋을 내용을 적어두었으니 놓치지 말고 읽어 보세요.

DAY 2 How are you?

Hello.는 만났을 때 하는 인사말로 하루 종일 쓸 수 있어요. How are you?는 '어떻게 지내?', '기분은 어때?'라는 뜻으로 안부를 묻는 표현입니다.

⭐ Dialogue 대화를 듣고, 따라 말해 보세요. 🎧 002

A **Hello, Liam.**
안녕, 리암.

B **Hello, Sohee. How are you?**
안녕, 소희. 기분은 어때?

A **I'm okay.**
괜찮아.

🌸 Key words 단어를 듣고, 대화문을 따라 말해 보세요.

okay	bad	good
괜찮은	나쁜	좋은

A: Hello, Liam. 안녕, 리암.
B: Hello, Sohee. How are you?
안녕, 소희. 기분은 어때?
A: I'm not bad. 나쁘지 않아.

Tip not은 '~ 아닌', '~ 않은'이라는 뜻입니다.

A: Hello, Liam. 안녕, 리암.
B: Hello, Sohee. How are you?
안녕, 소희. 기분은 어때?
A: I'm not good. 좋지 않아.

13

Review Test

Day 10마다 배웠던 내용을 복습하는 리뷰 테스트가 있어요. 본문에서 배운 내용을 얼마나 알고 있는지 문제를 풀어보면서 확인하세요.

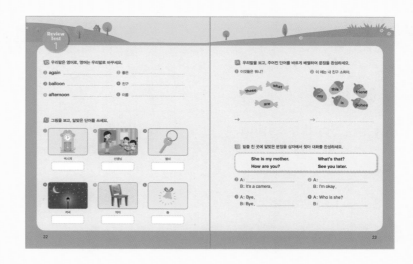

workbook

쓰기 연습으로 마무리! 본문에 나온 주요 대화 표현을 직접 쓰면서 암기하면 절대 잊어버리지 않아요.

MP3 듣는 방법!

❶ www.nexusbook.com에서 도서명으로 검색하여 다운받으세요.

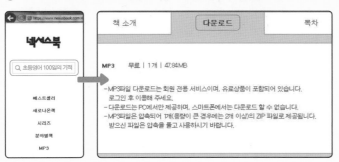

❷ 휴대폰으로 콜롬북스 어플에서도 들을 수 있어요.

DAY 1
Good morning.

미국에서는 오전, 오후, 저녁에 하는 인사말이 달라요. Good morning.은 오전, Good afternoon.은 오후, Good evening.은 저녁에 만났을 때 사용합니다.

 대화를 듣고, 따라 말해 보세요.

🎧 001

A **Good morning.**
안녕.

B **Good morning, Dad.**
안녕하세요, 아빠.

 단어를 듣고, 대화문을 따라 말해 보세요.

morning	afternoon	evening
오전	오후	저녁

A: Good **afternoon**. 안녕.
B: Good **afternoon**, Dad. 안녕하세요, 아빠.

A: Good **evening**. 안녕.
B: Good **evening**, Dad. 안녕하세요, 아빠.

12

DAY 2 How are you?

Hello.는 만났을 때 하는 인사말로 하루 종일 쓸 수 있어요. How are you?는 '어떻게 지내?', '기분은 어때?'라는 뜻으로 안부를 묻는 표현입니다.

 Dialogue 대화를 듣고, 따라 말해 보세요.

🎧 **002**

A **Hello, Liam.**
안녕, 리암.

B **Hello, Sohee. How are you?**
안녕, 소희. 기분은 어때?

A **I'm okay.**
괜찮아.

 Key words 단어를 듣고, 대화문을 따라 말해 보세요.

okay	bad	good
괜찮은	나쁜	좋은

A: Hello, Liam. 안녕, 리암.

B: Hello, Sohee. How are you?
안녕, 소희. 기분은 어때?

A: I'm **not bad**. 나쁘지 않아.

A: Hello, Liam. 안녕, 리암.

B: Hello, Sohee. How are you?
안녕, 소희. 기분은 어때?

A: I'm **not good**. 좋지 않아.

Tip not은 '∼ 아닌', '∼ 않은'이라는 뜻입니다.

DAY 3

I'm Emma.

내 이름을 말할 때는 I'm이나 My name is 뒤에 이름을 말하면 돼요.
친구의 이름을 물어볼 때는 What's your name?이라고 하면 됩니다.

 Dialogue　대화를 듣고, 따라 말해 보세요.

 003

> **A** I'm Emma. What's your name?
> 나는 엠마야. 네 이름은 뭐니?
>
> **B** My name is Jihun.
> 내 이름은 지훈이야.

 Key words　단어를 듣고, 대화문을 따라 말해 보세요.

name	Mr.	Ms.
이름	~ 선생님 (남자)	~ 선생님 (여자)

A: I'm **Mr. Jones**.
　What's your name?
　나는 존스 선생님이란다. 네 이름은 뭐니?

B: My name is Jihun. 제 이름은 지훈이에요.

A: I'm **Ms. Miller**.
　What's your name?
　나는 밀러 선생님이란다. 네 이름은 뭐니?

B: My name is Jihun. 제 이름은 지훈이에요.

Tip　Mr.는 남자 어른, Ms.는 여자 어른의 성 앞에 붙이는 말입니다.

DAY 4

This is my friend, Sohee.

다른 사람을 친구나 부모님, 선생님께 소개할 때는 This is ~. 라는 표현을 써요.
처음 만난 사람에게는 Nice to meet you. 라고 인사합니다.

 Dialogue 대화를 듣고, 따라 말해 보세요.   🎧 004

A **Liam, this is my friend, Sohee.**
리암, 이 애는 내 친구 소희야.

B **Nice to meet you.**
만나서 반가워.

C **Nice to meet you, too.**
나도 만나서 반가워.

 Key words 단어를 듣고, 대화문을 따라 말해 보세요.

friend	teacher	student
친구	선생님	학생

A: Liam, this is my **teacher, Ms. Miller.**
리암, 이분은 나의 선생님이신 밀러 선생님이야.

B: Nice to meet you. 만나 봬서 반갑습니다.

C: Nice to meet you, too.
나도 만나서 반갑구나.

A: Liam, this is my **student, Emma.**
리암, 이 애는 나의 학생인 엠마야.

B: Nice to meet you. 만나서 반가워.

C: Nice to meet you, too.
나도 만나서 반가워.

DAY 5

See you later.

Bye.와 See you later.는 헤어질 때 하는 인사말이에요. Hello.처럼 때에 상관없이 하루 종일 쓸 수 있습니다.

 Dialogue 대화를 듣고, 따라 말해 보세요.

 005

A **Bye.**
잘 가.

B **Bye. See you later.**
잘 가. 나중에 보자.

Key words 단어를 듣고, 대화문을 따라 말해 보세요.

later	again	soon
나중에	또	곧

A: Bye. 잘 가.
B: Bye. See you **again**. 잘 가. 또 보자.

A: Bye. 잘 가.
B: Bye. See you **soon**. 잘 가. 곧 보자.

Tip Bye.는 Good-bye.라고 말해도 됩니다.

16

DAY 6

This is a bed.

나와 가까이에 있는 물건이 무엇인지 말할 때는 This is 뒤에 물건 이름을 말하면 돼요. this는 '이것은'이라는 뜻으로 가까이에 있는 물건을 가리키는 말입니다.

 Dialogue 대화를 듣고, 따라 말해 보세요.

🎧 006

A **This is a bed.**
이것은 침대야.

B **Wow, it's nice.**
와, 멋지다.

 Key words 단어를 듣고, 대화문을 따라 말해 보세요.

bed	pen	clock
침대	펜	시계

A: This is a **pen**. 이것은 펜이야.
B: Wow, it's nice. 와, 멋지다.

A: This is a **clock**. 이것은 시계야.
B: Wow, it's nice. 와, 멋지다.

Tip clock은 탁상시계나 벽시계를 말합니다.

17

DAY 7 What's that?

나와 좀 멀리 떨어져 있는 물건이 무엇인지 물을 때는 What's that?이라고 해요.
that은 '저것은'이라는 뜻으로 멀리 있는 물건을 가리키는 말입니다.

 Dialogue 대화를 듣고, 따라 말해 보세요.

🎧 **007**

A What's that?
저것은 뭐예요?

B It's a camera.
카메라야.

 Key words 단어를 듣고, 대화문을 따라 말해 보세요.

camera	bell	chair
카메라	종	의자

A: What's that? 저것은 뭐니?
B: It's a **bell**. 종이야.

A: What's that? 저것은 뭐니?
B: It's a **chair**. 의자야.

☆ Tip What's that?에는 That's ~.라고 대답하지 않고 It's ~.라고 합니다.

18

DAY 8

What are these?

나와 가까이에 있는 2개 이상의 물건이 무엇인지 물을 때는 What are these? 라고 해요. these는 '이것들은'이라는 뜻입니다.

 Dialogue 대화를 듣고, 따라 말해 보세요.

🎧 008

A What are these?
이것들은 뭐니?

B They are candles.
양초야.

 Key words 단어를 듣고, 대화문을 따라 말해 보세요.

candle	key	balloon
양초	열쇠	풍선

A: What are these? 이것들은 뭐니?
B: They are **keys**. 열쇠야.

A: What are these? 이것들은 뭐니?
B: They are **balloons**. 풍선이야.

Tip 나와 멀리 있는 2개 이상의 물건이 무엇인지 물을 때는 What are those?라고 합니다.

DAY 9

Who is he?

나와 너 말고 다른 남자가 누구인지 물을 때는 Who is he?라고 해요.
he는 '그는', '그 남자는'이라는 뜻입니다.

 Dialogue 대화를 듣고, 따라 말해 보세요.

🎧 009

A **Who is he?**
그는 누구니?

B **He is my father.**
우리 아빠야.

 Key words 단어를 듣고, 대화문을 따라 말해 보세요.

father	**brother**	**grandfather**
아빠	남자 형제	할아버지

A: Who is he? 그는 누구니?
B: He is my **brother**. 우리 오빠야.

A: Who is he? 그는 누구니?
B: He is my **grandfather**. 우리 할아버지야.

Tip brother는 형이나 오빠, 남동생을 가리키는 말입니다.

DAY 10
She is my mother.

나와 너 말고 다른 여자가 누구인지 물을 때는 Who is she?라고 해요.
대답할 때는 She is 다음에 그 사람이 누구인지 말하면 됩니다.

 대화를 듣고, 따라 말해 보세요.

 010

A Who is she?
그녀는 누구니?

B She is my mother.
우리 엄마야.

 단어를 듣고, 대화문을 따라 말해 보세요.

mother	sister	grandmother
엄마	여자 형제	할머니

A: Who is she? 그녀는 누구니?
B: She is my **sister**. 우리 누나야.

A: Who is she? 그녀는 누구니?
B: She is my **grandmother**. 우리 할머니야.

Tip sister는 언니나 누나, 여동생을 가리키는 말입니다.

A 우리말은 영어로, 영어는 우리말로 바꾸세요.

① **again** _____

② 좋은 _____

③ **balloon** _____

④ 친구 _____

⑤ **afternoon** _____

⑥ 이름 _____

B 그림을 보고, 알맞은 단어를 쓰세요.

①

벽시계

_____

②

선생님

_____

③

열쇠

_____

④

저녁

_____

⑤

의자

_____

⑥

종

_____

C 우리말을 보고, 주어진 단어를 바르게 배열하여 문장을 완성하세요.

① 이것들은 뭐니?

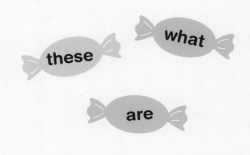

→ _____

② 이 애는 내 친구 소희야.

→ _____

D 밑줄 친 곳에 알맞은 문장을 상자에서 찾아 대화를 완성하세요.

> **She is my mother.**   **What's that?**
>
> **How are you?**   **See you later.**

① A: _____
   B: It's a camera.

② A: _____
   B: I'm okay.

③ A: Bye.
   B: Bye. _____

④ A: Who is she?
   B: _____

DAY 11

I'm happy.

내 기분이 어떤지를 말할 때는 I'm 뒤에 기분을 나타내는 말을 써요. 친구와 같은 기분일 때는 '나도 그래.'라는 뜻으로 Me too.라고 합니다.

 Dialogue 대화를 듣고, 따라 말해 보세요.

 011

A I'm happy.
나는 행복해.

B Me too.
나도 그래.

 Key words 단어를 듣고, 대화문을 따라 말해 보세요.

happy	sad	angry
행복한	슬픈	화난

A: I'm **sad.** 나는 슬퍼.
B: Me too. 나도 그래.

A: I'm **angry.** 나는 화가 나.
B: Me too. 나도 그래.

24

DAY 12

I feel tired.

내 기분이나 상태를 말할 때는 I'm ~.이라고 해도 되지만 I feel ~.이라고 해도 돼요. feel은 '~한 기분을 느끼다'라는 뜻입니다.

 Dialogue 대화를 듣고, 따라 말해 보세요.

🎧 **012**

A **I feel tired.**
나는 피곤해.

B **Why?**
왜?

 Key words 단어를 듣고, 대화문을 따라 말해 보세요.

tired	**unhappy**	**worried**
피곤한	행복하지 않은	걱정되는

A: I feel **unhappy**. 나는 행복하지 않아.

B: **Why?** 왜?

A: I feel **worried**. 나는 걱정이 돼.

B: **Why?** 왜?

Tip Why?는 이유를 물을 때 쓰는 말입니다.

Are you hungry?

나와 이야기하고 있는 사람의 상태를 물을 때는 Are you ~?라고 해요. 그렇다고 대답할 때는 Yes, I am.이라고 하고, 그렇지 않다고 대답할 때는 No, I'm not.이라고 합니다.

 Dialogue 대화를 듣고, 따라 말해 보세요.

🎧 **013**

A **Are you hungry?**
너 배고프니?

B **Yes, I am.**
응, 맞아.

 Key words 단어를 듣고, 대화문을 따라 말해 보세요.

hungry	thirsty	full
배고픈	목마른	배부른

A: Are you **thirsty**? 너 목마르니?

B: Yes, I am. 응, 맞아.

A: Are you **full**? 너 배부르니?

B: No, I'm not. 아니, 안 그래.

Tip Are you ~? 뒤에는 상태뿐만 아니라 기분을 나타내는 말이 와도 됩니다.

DAY 14
You are busy, aren't you?

상대방의 상태를 물을 때 Are you ~? 대신 You are ~, aren't you?라고 할 수도 있어요. 이때 aren't you?는 '그렇지 않니?'라는 뜻입니다.

 Dialogue 대화를 듣고, 따라 말해 보세요.   014

A You are busy, aren't you?
너 바쁘구나, 그렇지 않니?

B Yes, I am.
응, 바빠.

Key words 단어를 듣고, 대화문을 따라 말해 보세요.

busy	sleepy	rich
바쁜	졸린	부자인

A: You are **sleepy**, aren't you?
너 졸립구나, 그렇지 않니?

B: Yes, I am. 응, 졸려.

A: You are **rich**, aren't you?
너 부자구나, 그렇지 않니?

B: No, I'm not. 아니, 나 부자 아니야.

Tip You are 뒤에 happy, sad처럼 기분을 나타내는 말을 넣어 말해도 됩니다.

27

DAY 15
He is sick.

그 남자의 상태를 말할 때는 He is ~.라고 해요. How is he?는 그 남자의 상태나 안부를 물을 때 쓰는 표현입니다.

 Dialogue 대화를 듣고, 따라 말해 보세요.

🎧 015

A **How is he?**
그는 어떻게 지내?

B **He is sick.**
그는 아파.

 Key words 단어를 듣고, 대화문을 따라 말해 보세요.

sick	fine	well
아픈	좋은	건강한

A: How is he? 그는 어떻게 지내?
B: He is **fine**. 그는 잘 지내.

A: How is he? 그는 어떻게 지내?
B: He is **very well**. 그는 아주 건강해.

Tip He is 뒤에 상태뿐 아니라 기분이나 외모를 나타내는 말이 올 수도 있습니다.

DAY 16

Is he tall?

그 남자의 외모가 어떤지 물을 때는 Is he ~?라고 해요. 그렇다고 대답할 때는 Yes, he is.라고 하고, 그렇지 않다고 대답할 때는 No, he isn't.라고 합니다.

 Dialogue 대화를 듣고, 따라 말해 보세요.

🎧 016

A **Is he tall?**
그는 키가 크니?

B **Yes, he is.**
응, 맞아.

 Key words 단어를 듣고, 대화문을 따라 말해 보세요.

tall	handsome	young
키가 큰	잘생긴	어린

A: Is he **handsome**? 그는 잘생겼니?
B: Yes, he is. 응, 맞아.

A: Is he **young**? 그는 어리니?
B: No, he isn't. 아니, 안 그래.

Tip How is he?에는 He is ~.로 대답하지만 Is he ~?에는 Yes나 No를 붙여 대답합니다.

DAY 17
She is thin.

그 여자의 외모를 말할 때는 She is ~.라고 해요. 그 여자의 외모가 어떤지 물을 때는 Is she ~?라고 해도 되고, she 자리에 그 여자가 누군지 나타내는 말을 넣어 말해도 됩니다.

⭐ Dialogue 대화를 듣고, 따라 말해 보세요. 🎧 017

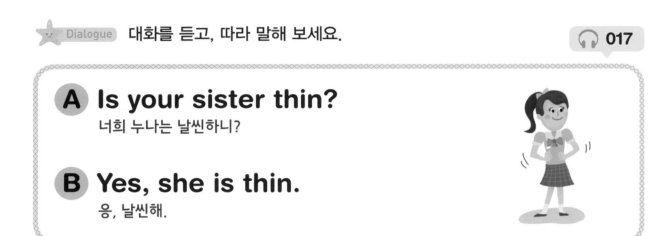

A **Is your sister thin?**
너희 누나는 날씬하니?

B **Yes, she is thin.**
응, 날씬해.

🌸 Key words 단어를 듣고, 대화문을 따라 말해 보세요.

thin	cute	short
날씬한	귀여운	키가 작은

A: Is your sister **cute**? 네 여동생은 귀엽니?
B: Yes, she is cute. 응, 귀여워.

A: Is your sister **short**? 너희 언니는 키가 작니?
B: No, she is tall. 아니, 키가 커.

Is she shy?

그 여자의 성격을 물을 때는 Is she 뒤에 성격을 나타내는 말을 넣어 말해요.
그렇다고 대답할 때는 Yes, she is.라고 하고, 그렇지 않다고 대답할 때는
No, she isn't.라고 합니다.

 Dialogue 대화를 듣고, 따라 말해 보세요.

🎧 018

A Is she shy?
그녀는 수줍음을 타니?

B No, she isn't.
아니, 안 그래.

 Key words 단어를 듣고, 대화문을 따라 말해 보세요.

shy	brave	careful
수줍음을 타는	용감한	신중한

A: Is she **brave**? 그녀는 용감하니?
B: Yes, she is. 응, 맞아.

A: Is she **careful**? 그녀는 신중하니?
B: No, she isn't. 아니, 안 그래.

Tip　Is she 뒤에는 성격뿐만 아니라 기분, 상태, 외모를 나타내는 말이 올 수도 있습니다.

31

DAY 19

They are quiet.

나와 너 말고 2명 이상의 다른 사람들의 성격을 말할 때는 They are ~. 라는 표현을 사용해요. they는 '그들은', '그들이'라는 뜻입니다.

 Dialogue 대화를 듣고, 따라 말해 보세요.

 019

**A They are quiet.
What do you think?**
그들은 조용해. 어떻게 생각해?

B I don't think so.
난 그렇게 생각하지 않아.

 Key words 단어를 듣고, 대화문을 따라 말해 보세요.

quiet	lazy	rude
조용한	게으른	예의 없는

A: They are **lazy**.
What do you think?
그들은 게을러. 어떻게 생각해?

B: I don't think so. 난 그렇게 생각하지 않아.

A: They are **rude**.
What do you think?
그들은 예의가 없어. 어떻게 생각해?

B: I don't think so. 난 그렇게 생각하지 않아.

Tip What do you think?는 의견을 묻는 표현입니다.

32

DAY 20 Are they late?

그들의 상태를 물을 때는 Are they ~?라고 해요. 그렇다고 대답할 때는
Yes, they are.라고 하고, 그렇지 않다고 대답할 때는 No, they aren't.라고
합니다. they are나 they aren't 뒤에 상태를 나타내는 말을 넣어 말해도 됩니다.

 Dialogue 대화를 듣고, 따라 말해 보세요.

 020

A Are they late?
그들이 늦었니?

B No, they aren't late.
아니, 늦지 않았어.

 Key words 단어를 듣고, 대화문을 따라 말해 보세요.

late	old	funny
늦은	나이 많은	재미있는

A: Are they **old**? 그들은 나이가 많니?
B: Yes, they are old. 응, 나이가 많아.

A: Are they **funny**? 그들은 재미있니?
B: No, they aren't funny. 아니, 재미없어.

Tip 나를 포함한 2명 이상의 사람들은 We라고 해요. '우리는', '우리가'라는 뜻입니다.

33

Review Test 2

A 우리말은 영어로, 영어는 우리말로 바꾸세요.

① thirsty _____ ② 졸린 _____

③ well _____ ④ 귀여운 _____

⑤ funny _____ ⑥ 예의 없는 _____

B 그림을 보고, 알파벳을 바르게 배열하여 단어를 완성하세요.

①

키가 작은
t s o r h
_____

②

슬픈
a d s
_____

③

게으른
y z a l
_____

④

부자인
i h r c
_____

⑤

용감한
a v e r b
_____

⑥

화난
g n y a r
_____

C 알맞은 단어를 보기에서 골라 다음 대화문을 완성하세요.

no	**aren't**
she	**feel**

1 A: You are busy, [   ] you?
    B: Yes, I am.

2 A: Is your sister thin?
    B: Yes, [   ] is thin.

3 A: I [   ] tired.
    B: Why?

4 A: Are they late?
    B: [   ], they aren't late.

D 밑줄 친 곳에 알맞은 문장을 상자에서 찾아 대화를 완성하세요.

Yes, he is.	**Is she shy?**
How is he?	**Yes, I am.**

1 A: _____
    B: No, she isn't.

2 A: _____
    B: He is sick.

3 A: Are you hungry?
    B: _____

4 A: Is he tall?
    B: _____

Thank you.

Thank you.는 고마운 일이 있을 때 하는 인사말이에요. Thank you. 대신 Thanks.라고 해도 됩니다.

 Dialogue 대화를 듣고, 따라 말해 보세요. 🎧 **021**

A **Thank you.**
고마워.

B **You're welcome.**
천만에.

 Key words 단어를 듣고, 대화문을 따라 말해 보세요.

thank	**problem**	**pleasure**
고마워하다	문제	기쁨

A: Thank you. 고마워.

B: **No problem.** 별거 아니야.

A: Thank you. 고마워.

B: **My pleasure.** (도움이 돼서) 나도 기뻐.

DAY 22 I'm sorry.

I'm sorry.는 잘못한 일에 대해 사과할 때 쓰는 표현이에요. '정말 미안해.'라고
하고 싶으면 I'm so sorry.나 I'm very sorry.라고 하면 됩니다.

 Dialogue 대화를 듣고, 따라 말해 보세요.

 022

A I'm sorry.
미안해.

B It's okay.
괜찮아.

 **Key words** 단어를 듣고, 대화문을 따라 말해 보세요.

sorry	mind	all right
미안한	신경 쓰다	괜찮은

A: I'm sorry. 미안해.
B: Never mind. 신경 쓰지 마.

A: I'm sorry. 미안해.
B: That's all right. 괜찮아.

DAY 23 Congratulations!

Congratulations!는 축하할 때 하는 인사말이에요. '축하해요!'라고 인사할 때는 반드시 끝에 s를 붙여 Congratulations!라고 해야 한다는 것에 주의하세요.

⭐ Dialogue 대화를 듣고, 따라 말해 보세요. 🎧 023

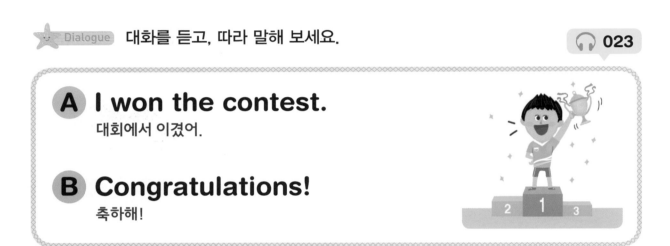

A **I won the contest.**
대회에서 이겼어.

B **Congratulations!**
축하해!

🌸 Key words 단어를 듣고, 대화문을 따라 말해 보세요.

contest	game	race
대회	게임	경주

A: I won the **game**. 게임에서 이겼어.
B: Congratulations! 축하해!

A: I won the **race**. 경주에서 이겼어.
B: Congratulations! 축하해!

Tip -s가 없는 congratulation은 '축하'라는 뜻으로 인사말로는 쓰지 않습니다.

Happy birthday!

생일을 축하한다고 말할 때는 Happy birthday!라고 해요. 선물을 건넬 때는 '이거 네 선물이야.'라는 뜻으로 This is for you.라고 하면 됩니다.

 Dialogue 대화를 듣고, 따라 말해 보세요.

 024

> **A** **Happy birthday! This is for you.**
> 생일 축하해! 이거 네 선물이야.
>
> **B** **How sweet of you!**
> 넌 참 다정하구나!

 Key words 단어를 듣고, 대화문을 따라 말해 보세요.

sweet	kind	nice
다정한	친절한	상냥한

A: Happy birthday! This is for you.
생일 축하해! 이거 네 선물이야.

B: How **kind** of you! 넌 참 친절하구나!

A: Happy birthday! This is for you.
생일 축하해! 이거 네 선물이야.

B: How **nice** of you! 넌 참 상냥하구나!

DAY 25 Good luck!

중요한 일을 앞둔 사람에게 행운을 빌어 줄 때는 Good luck!이라고 해요.
Good luck to you!라고 해도 됩니다.

 Dialogue 대화를 듣고, 따라 말해 보세요.

🎧 025

A **I have an English test.**
나 영어 시험이 있어.

B **Good luck!**
행운을 빌어!

see 보다
art 미술
house 집

 Key words 단어를 듣고, 대화문을 따라 말해 보세요.

English	**math**	**Korean**
영어	수학	한국어

A: I have a **math** test. 나 수학 시험이 있어.
B: Good luck! 행운을 빌어!

A: I have a **Korean** test. 나 한국어 시험이 있어.
B: Good luck! 행운을 빌어!

What a nice car!

What a nice ~!는 멋진 물건을 보고 칭찬할 때 사용하는 표현이에요. 이런 말에는 감사 인사인 Thanks.나 Thank you.로 대답하면 됩니다.

 Dialogue 대화를 듣고, 따라 말해 보세요.

🎧 026

A What a nice car!
참 멋진 자동차네요!

B Thanks.
고마워.

 Key words 단어를 듣고, 대화문을 따라 말해 보세요.

car	shirt	table
자동차	셔츠	탁자

A: What a nice **shirt**! 참 멋진 셔츠구나!
B: Thanks. 고마워.

A: What a nice **table**! 참 멋진 탁자구나!
B: Thanks. 고마워.

DAY 27 How pretty she is!

그 여자의 외모나 성격, 상태를 칭찬할 때는 How ~ she is!라고 해요.
그 남자를 칭찬할 때는 How ~ he is!라고 하면 됩니다.

 Dialogue 대화를 듣고, 따라 말해 보세요.

🎧 027

A How pretty she is!
그녀는 참 예쁘구나!

B Yes, she is.
응, 맞아.

 Key words 단어를 듣고, 대화문을 따라 말해 보세요.

pretty	smart	strong
예쁜	똑똑한	힘센

A: How **smart** she is! 그녀는 참 똑똑하구나!
B: Yes, she is. 응, 맞아.

A: How **strong** she is! 그녀는 참 힘이 세구나!
B: Yes, she is. 응, 맞아.

That's too bad.

That's too bad.는 아프거나 안 좋은 일을 겪은 사람을 위로할 때는 쓰는 말이에요.
'그것 참 안됐구나.'라는 뜻입니다.

 Dialogue 대화를 듣고, 따라 말해 보세요.

 028

> **A** **I have a cold.**
> 나 감기에 걸렸어.
>
> **B** **That's too bad.**
> 그것 참 안됐구나.

 Key words 단어를 듣고, 대화문을 따라 말해 보세요.

cold	fever	cough
감기	고열	기침

A: I have a **fever.** 나 열이 많이 나.
B: That's too bad. 그것 참 안됐구나.

A: I have a **cough.** 나 기침을 해.
B: That's too bad. 그것 참 안됐구나.

Tip cold는 날씨가 춥거나 추위를 느낀다는 뜻으로도 사용합니다.

43

DAY 29 Don't worry.

다른 사람에게 걱정하지 말라고 말할 때는 Don't worry.라고 합니다. 실수를 하고 걱정하는 친구나 중요한 일을 앞두고 자신감이 없어 걱정하는 친구에게 이렇게 말해 보세요.

 Dialogue 대화를 듣고, 따라 말해 보세요.

🎧 **029**

A Sorry. I broke your umbrella.
미안해. 내가 네 우산을 망가뜨렸어.

B Don't worry.
걱정하지 마.

 Key words 단어를 듣고, 대화문을 따라 말해 보세요.

umbrella	fork	ruler
우산	포크	자

A: Sorry. I broke your **fork**.
미안해. 네 포크를 망가뜨렸어.

B: Don't worry. 걱정하지 마.

A: Sorry. I broke your **ruler**.
미안해. 네 자를 망가뜨렸어.

B: Don't worry. 걱정하지 마.

44

Cheer up!

Cheer up!은 자신감을 잃은 사람에게 용기를 주고 격려하고 싶을 때 사용하는 표현이에요. You can do it.도 '넌 할 수 있어.'라는 뜻으로 격려할 때 씁니다.

 Dialogue 대화를 듣고, 따라 말해 보세요.

 030

A I can't dance well.
난 춤을 잘 못 추겠어.

B Cheer up! You can do it well.
기운 내! 넌 잘할 수 있어.

 Key words 단어를 듣고, 대화문을 따라 말해 보세요.

dance	sing	draw
춤추다	노래하다	그림을 그리다

A: I can't **sing** well. 난 노래를 잘 못하겠어.

B: Cheer up! You can do it well.
기운 내! 넌 잘할 수 있어.

A: I can't **draw** well. 난 그림을 잘 못 그리겠어.

B: Cheer up! You can do it well.
기운 내! 넌 잘할 수 있어.

Review Test 3

A 우리말은 영어로, 영어는 우리말로 바꾸세요.

1 smart _____

2 노래하다 _____

3 problem _____

4 친절한 _____

5 fever _____

6 신경 쓰다 _____

B 그림을 보고, 알맞은 단어를 쓰세요.

1

기침

_____

2

경주

_____

3

셔츠

_____

4

힘센

_____

5
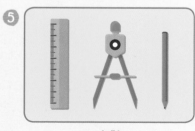
수학

_____

6

그리다

_____

C 우리말을 보고, 주어진 단어를 바르게 배열하여 문장을 완성하세요.

① 참 멋진 자동차네요!

car   what   a   nice

→ _____

② 그것 참 안됐구나.

bad   too   that's

→ _____

D 밑줄 친 곳에 알맞은 문장을 상자에서 찾아 대화를 완성하세요.

> **Don't worry.**   **How pretty she is!**
>
> **Congratulations!**   **Thank you.**

① A: _____
   B: You're welcome.

② A: Sorry. I broke your umbrella.
   B: _____

③ A: I won the contest.
   B: _____

④ A: _____
   B: Yes, she is.

47

DAY 31 Is it fast?

물건의 상태나 특징, 생김새 등을 물을 때는 Is it ~?이라고 해요. 그렇다고 대답할 때는 Yes, it is.라고 하고, 그렇지 않다고 대답할 때는 No, it isn't.라고 합니다.

⭐ Dialogue 대화를 듣고, 따라 말해 보세요.   🎧 031

A Is it fast?
그것은 빠르니?

B Yes, it is.
응, 맞아.

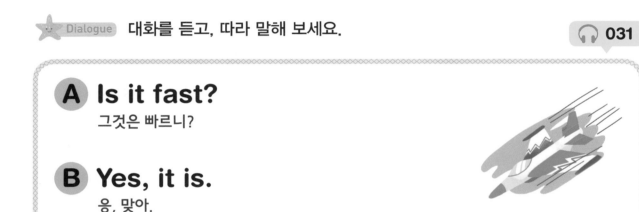

✿ Key words 단어를 듣고, 대화문을 따라 말해 보세요.

fast	easy	high
빠른	쉬운	높은

A: Is it **easy**? 그것은 쉬니?   A: Is it **high**? 그것은 높니?
B: Yes, it is. 응, 맞아.   B: No, it isn't. 아니, 안 그래.

Are they wet?

1개의 물건의 상태나 특징, 생김새 등을 물을 때는 Is it ~?이라고 하지만,
2개 이상의 물건에 대해 물을 때는 Are they ~?라고 합니다.

 Dialogue 대화를 듣고, 따라 말해 보세요.

 032

A Are they wet?
그것들은 젖었니?

B No, they aren't.
아니, 안 그래.

 Key words 단어를 듣고, 대화문을 따라 말해 보세요.

wet	clean	hard
젖은	깨끗한	딱딱한

A: Are they **clean**? 그것들은 깨끗하니? | A: Are they **hard**? 그것들은 딱딱하니?
B: Yes, they are. 응, 맞아. | B: No, they aren't. 아니, 안 그래.

Tip they는 물건뿐만 아니라 Day 19~20에서 배운 것처럼 사람도 가리킬 수 있습니다.

DAY 33 It's very small.

물건의 크기, 높이, 부피와 같은 상태를 강조하여 말하고 싶을 때는 어떻게 할까요?
상태를 나타내는 말 앞에 '아주', '매우'라는 뜻의 very를 붙여 말하면 됩니다.

 Dialogue 대화를 듣고, 따라 말해 보세요.

🎧 **033**

A Look at this.
이것 좀 봐.

B It's very small.
그것은 매우 작구나.

 Key words 단어를 듣고, 대화문을 따라 말해 보세요.

small	**tall**	**big**
(크기가) 작은	높은	(크기가) 큰

A: Look at this. 이것 좀 봐.
B: It's very **tall**. 그것은 매우 높구나.

A: Look at this. 이것 좀 봐.
B: It's very **big**. 그것은 매우 크구나.

Tip tall은 사람의 키를 말할 때도 쓰지만, 물건의 높이를 말할 때도 사용합니다.

DAY 34

It's longer than mine.

내 물건과 다른 물건의 길이, 크기, 강도 등을 비교할 때는 It's -er than mine.이라는 표현을 사용해요. mine은 '내 것'이라는 뜻으로 내 물건을 말할 때 씁니다.

 Dialogue 대화를 듣고, 따라 말해 보세요.

🎧 **034**

A **It's longer than mine.**
그것은 내 것보다 길어.

B **You're right.**
네 말이 맞아.

 Key words 단어를 듣고, 대화문을 따라 말해 보세요.

long	**large**	**soft**
(길이가) 긴	(크기가) 큰	부드러운

A: It's **larger** than mine.
그것은 내 것보다 커.

B: You're right. 네 말이 맞아.

A: It's **softer** than mine.
그것은 내 것보다 부드러워.

B: You're right. 네 말이 맞아.

Tip   상태를 나타내는 말에 -(e)r을 붙이면 비교하는 말이 됩니다.

DAY 35

What color is it?

물건의 색깔을 물을 때는 What color is it?이라고 해요. 대답할 때는
It's 뒤에 색깔을 나타내는 blue, red, yellow 등의 단어를 넣어 말하면 됩니다.

 Dialogue 대화를 듣고, 따라 말해 보세요. 🎧 **035**

A **What color is it?**
그것은 무슨 색깔이니?

B **It's blue.**
파란색이야.

🌸 **Key words** 단어를 듣고, 대화문을 따라 말해 보세요.

blue	red	yellow
파란색의	빨간색의	노란색의

A: What color is it? 그것은 무슨 색깔이니?
B: It's **red.** 빨간색이야.

A: What color is it? 그것은 무슨 색깔이니?
B: It's **yellow.** 노란색이야.

DAY 36

This is my bag.

내 물건임을 말할 때는 '나의'라는 뜻의 my를 사용해 「my+물건」이라고 합니다.
내가 지금 들고 있는 물건이 내 것임을 말할 때는 This is my ~.라고 하면 되지요.

 Dialogue 대화를 듣고, 따라 말해 보세요.

🎧 036

A **This is my bag.**
이것은 내 가방이야.

B **Are you sure?**
확실해?

 Key words 단어를 듣고, 대화문을 따라 말해 보세요.

bag	bike	pencil case
가방	자전거	필통

A: This is my **bike**. 이것은 내 자전거야.

B: Are you sure? 확실해?

A: This is my **pencil case**. 이것은 내 필통이야.

B: Are you sure? 확실해?

Tip bike는 bicycle이라고 해도 됩니다.

53

DAY 37
My socks are green.

내 물건의 색깔을 말할 때는 「My+물건+is/are+색깔.」이라고 해요. 물건이 하나면 is라고 하고, 물건이 2개 이상이면 are라고 하면 됩니다.

 Dialogue 대화를 듣고, 따라 말해 보세요. 🎧 037

> **A** Are these yours?
> 이것들이 네 것이니?
>
> **B** No, my socks are green.
> 아니야, 내 양말은 초록색이야.

 Key words 단어를 듣고, 대화문을 따라 말해 보세요.

sock	slipper	chopstick
양말	슬리퍼	젓가락

A: Are these yours? 이것들이 네 것이니?
B: No, my **slippers** are green.
   아니야, 내 슬리퍼는 초록색이야.

A: Are these yours? 이것들이 네 것이니?
B: No, my **chopsticks** are green.
   아니야, 내 젓가락은 초록색이야.

Tip sock, slipper, chopstick은 두 개가 하나의 구실을 하므로 보통 -s를 붙여 말합니다.

54

DAY 38 Whose pencil is this?

내가 들고 있는 물건이 누구 것인지 물을 때는 Whose ~ is this?라고 해요.
whose는 '누구의'라는 뜻으로 누구 것인지 물을 때 사용하는 말입니다.

 Dialogue 대화를 듣고, 따라 말해 보세요.

 🎧 **038**

A Whose pencil is this?
이게 누구 연필이니?

B It's mine.
내 거야.

 Key words 단어를 듣고, 대화문을 따라 말해 보세요.

pencil	eraser	notebook
연필	지우개	공책

A: Whose **eraser** is this?
이게 누구 지우개이니?

B: It's mine. 내 거야.

A: Whose **notebook** is this?
이게 누구 공책이니?

B: It's mine. 내 거야.

DAY 39

Is that your cup?

다른 사람에게 멀리 있는 물건의 주인이냐고 물을 때는 Is that your ~?라고 해요.
다른 사람의 물건이라고 말할 때는 그 사람 이름에 's를 붙여 말합니다.

 Dialogue 대화를 듣고, 따라 말해 보세요.

🎧 **039**

A Is that your cup?
저게 네 컵이니?

B No, it's Emma's.
아니, 그것은 엠마 거야.

 Key words 단어를 듣고, 대화문을 따라 말해 보세요.

cup	phone	book
컵	전화기	책

A: Is that your **phone**? 저게 네 전화기니?
B: No, it's Emma's. 아니, 그것은 엠마 거야.

A: Is that your **book**? 저게 네 책이니?
B: Yes, it's mine. 아니, 그것은 내 거야.

Tip 가까이에 있는 물건의 주인이냐고 물을 때는 Is this your ~?라고 합니다.

56

DAY 40

Which cap is yours?

2개 이상의 물건 중에 어느 것이 네 것이냐고 물을 때는 Which ~ is yours?라고 해요. which는 '어느 것의'라는 뜻입니다.

 Dialogue 대화를 듣고, 따라 말해 보세요.

 040

A **Which cap is yours?**
어느 모자가 네 것이니?

B **The red one.**
빨간 거야.

Key words 단어를 듣고, 대화문을 따라 말해 보세요.

cap	towel	toothbrush
모자	수건	칫솔

A: Which **towel** is yours?
어느 수건이 네 것이니?

B: The red one. 빨간 거야.

A: Which **toothbrush** is yours?
어느 칫솔이 네 것이니?

B: The red one. 빨간 거야.

🅰 우리말은 영어로, 영어는 우리말로 바꾸세요.

1 yellow _____ 2 쉬운 _____

3 small _____ 4 젓가락 _____

5 toothbrush _____ 6 지우개 _____

🅱 그림을 보고, 알파벳을 바르게 배열하여 단어를 완성하세요.

1

자전거
i　k　b　e
_____

2

높은
g　h　i　h
_____

3

전화기
p　n　o　h　e
_____

4

딱딱한
a　h　d　r
_____

5

책
o　k　b　o
_____

6
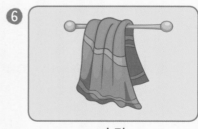
수건
w　o　l　e　t
_____

C 알맞은 단어를 보기에서 골라 다음 대화문을 완성하세요.

| my | which |
| whose | yours |

① A: [   ] cap is yours?
B: The red one.

② A: Are these [   ] ?
B: No, my socks are green.

③ A: This is [   ] bag.
B: Are you sure?

④ A: [   ] pencil is this?
B: It's mine.

D 밑줄 친 곳에 알맞은 문장을 상자에서 찾아 대화를 완성하세요.

| Is that your cup? | What color is it? |
| Are they wet? | It's longer than mine. |

① A: _____
B: You're right.

② A: _____
B: No, they aren't.

③ A: _____
B: No, it's Emma's.

④ A: _____
B: It's blue.

DAY 41 I have a guitar.

내가 가지고 있는 것을 말할 때는 I have ~. 라고 해요. have는 '가지다', '가지고 있다'라는 뜻입니다.

 대화를 듣고, 따라 말해 보세요.

🎧 041

A **I have a guitar.**
나는 기타를 가지고 있어.

B **I have one, too.**
나도 하나 있어.

 단어를 듣고, 대화문을 따라 말해 보세요.

guitar	piano	violin
기타	피아노	바이올린

A: I have a **piano**. 나는 피아노를 가지고 있어.
B: I have one, too. 나도 하나 있어.

A: I have a **violin**. 나는 바이올린을 가지고 있어.
B: I have one, too. 나도 하나 있어.

60

DAY 42

I have dogs.

내가 가지고 있는 것이 하나일 때는 I have a ~.라고 해요. 하지만 가지고 있는 것이 둘 이상일 때는 물건이나 동물 이름 앞에 있는 a는 빼고 물건이나 동물 이름 뒤에 s를 붙입니다.

 Dialogue 대화를 듣고, 따라 말해 보세요.

🎧 042

A I have dogs.
나는 개가 있어.

B How many?
몇 마리나?

A Two.
두 마리.

 Key words 단어를 듣고, 대화문을 따라 말해 보세요.

dog	cat	hamster
개	고양이	햄스터

A: I have **cats**. 나는 고양이가 있어.

B: How many? 몇 마리나?

A: Two. 두 마리.

A: I have **hamsters**. 나는 햄스터가 있어.

B: How many? 몇 마리나?

A: Two. 두 마리.

Tip How many?는 개수를 묻는 표현입니다.

DAY 43 Do you have a basket?

다른 사람에게 어떤 물건을 가지고고 있는지 물어볼 때는 Do you have ~?라고
해요. 가지고 있을 때는 Yes, I do.라고 대답하고, 가지고 있지 않을 때는
No, I don't.라고 합니다.

 Dialogue 대화를 듣고, 따라 말해 보세요.

 043

A Do you have a basket?
너는 바구니가 있니?

B Yes, I do.
응, 있어.

 Key words 단어를 듣고, 대화문을 따라 말해 보세요.

basket	coin	mirror
바구니	동전	거울

A: Do you have a **coin**?
너는 동전이 있니?

B: Yes, I do. 응, 있어.

A: Do you have a **mirror**?
너는 거울이 있니?

B: No, I don't. 아니, 없어.

DAY 44

I don't have milk.

내가 가지고 있지 않은 것을 말할 때는 I don't have ~.라고 합니다. 내가 가지고 있는 것을 말할 때 사용하는 I have ~.와 비교해서 알아 두세요.

 Dialogue 대화를 듣고, 따라 말해 보세요.

 🎧 044

A I don't have milk.
나한테 우유가 없어.

B Don't worry. I'll get some.
걱정하지 마. 내가 좀 사 올게.

 Key words 단어를 듣고, 대화문을 따라 말해 보세요.

milk	cheese	butter
우유	치즈	버터

A: I don't have **cheese**.
나한테 치즈가 없어.

B: Don't worry. I'll get some.
걱정하지 마. 내가 좀 사 올게.

A: I don't have **butter**.
나한테 버터가 없어.

B: Don't worry. I'll get some.
걱정하지 마. 내가 좀 사 올게.

DAY 45

I like ice cream.

내가 좋아하는 것을 말할 때는 I like ~.라고 해요. 다른 사람이 좋아한다고 말한 것을 나도 좋아한다고 말할 때는 So do I.라고 하면 됩니다.

 Dialogue 대화를 듣고, 따라 말해 보세요.

 045

A **I like ice cream.**
난 아이스크림을 좋아해.

B **So do I.**
나도.

 Key words 단어를 듣고, 대화문을 따라 말해 보세요.

ice cream	chicken	Coke
아이스크림	닭고기	콜라

A: I like **chicken**. 난 닭고기를 좋아해.
B: So do I. 나도.

A: I like **Coke**. 난 콜라를 좋아해.
B: So do I. 나도.

64

DAY 46

What do you like?

What do you like?는 다른 사람에게 좋아하는 것이 뭐냐고 물어볼 때 사용합니다. I like ~.로 내가 좋아하는 것을 먼저 말한 다음, What do you like?라고 물어보세요.

 대화를 듣고, 따라 말해 보세요.

🎧 **046**

A **I like apples.**
What do you like?
난 사과를 좋아해. 넌 뭐를 좋아하니?

B **I like bananas.**
난 바나나를 좋아해.

 단어를 듣고, 대화문을 따라 말해 보세요.

apple	banana	grape	orange
사과	바나나	포도	오렌지

A: I like apples. What do you like?
난 사과를 좋아해. 넌 뭐를 좋아하니?

B: I like **grapes**. 난 포도를 좋아해.

A: I like apples. What do you like?
난 사과를 좋아해. 넌 뭐를 좋아하니?

B: I like **oranges**. 난 오렌지를 좋아해.

Tip grape는 '포도 한 알'을 뜻해요. '포도 한 송이'를 말할 때는 grapes라고 합니다.

65

DAY 47
Do you like birds?

특정한 무언가를 좋아하느냐고 물어볼 때는 Do you like ~?라고 해요. 좋아한다고 대답할 때는 Yes, I do.라고 하고, 좋아하지 않는다고 할 때는 No, I don't.라고 합니다.

 Dialogue 대화를 듣고, 따라 말해 보세요.

🎧 **047**

A **Do you like birds?**
넌 새를 좋아하니?

B **Yes, I do.**
응, 좋아해.

 Key words 단어를 듣고, 대화문을 따라 말해 보세요.

bird	flower	baby
새	꽃	아기

A: Do you like **flowers**?
넌 꽃을 좋아하니?
B: Yes, I do. 응, 좋아해.

A: Do you like **babies**?
넌 아기를 좋아하니?
B: No, I don't. 아니, 안 좋아해.

DAY 48

I don't like it.

좋아하지 않는 것을 말할 때는 I don't like ~. 라고 합니다. 좋아하는 것을 말할 때 사용하는 I like ~. 와 비교해서 알아 두세요.

 대화를 듣고, 따라 말해 보세요.

🎧 048

> **A** **Do you like your sweater?**
> 네 스웨터가 마음에 드니?
>
> **B** **No, I don't like it.**
> 아니, 마음에 안 들어.

 단어를 듣고, 대화문을 따라 말해 보세요.

sweater	dress	uniform
스웨터	원피스	교복

A: Do you like your **dress**?
네 원피스가 마음에 드니?

B: No, I don't like it. 아니, 마음에 안 들어.

A: Do you like your **uniform**?
네 교복이 마음에 드니?

B: No, I don't like it. 아니, 마음에 안 들어.

Tip '교복'은 school uniform이라고도 합니다.

DAY 49

I like to cook.

내가 좋아하는 일을 말할 때는 I like to ~.라고 합니다. to 뒤에는 동작을 나타내는 말이 와야 해요.

 Dialogue 대화를 듣고, 따라 말해 보세요.

🎧 **049**

A **Can you join me?**
나랑 같이할래?

B **Sure. I like to cook.**
그래. 나 요리하는 거 좋아해.

 Key words 단어를 듣고, 대화문을 따라 말해 보세요.

cook	**walk**	**paint**
요리하다	걷다	색칠하다

A: Can you join me? 나랑 같이할래?

B: Sure. I like to **walk**.

그래. 나 걷는 거 좋아해.

A: Can you join me? 나랑 같이할래?

B: Sure. I like to **paint**.

그래. 나 색칠하는 거 좋아해.

Tip   paint는 물감으로 그림을 그리거나 페인트칠을 하는 것을 말합니다.

DAY 50

I don't like to hike.

내가 좋아하지 않는 일을 말할 때는 I don't like to ~.라고 해요. to 뒤에는 역시
동작을 나타내는 말이 와야 합니다.

 Dialogue 대화를 듣고, 따라 말해 보세요.

 050

A **I don't like to hike.**
나는 하이킹하는 것을 좋아하지 않아.

B **Me, neither.**
나도.

 Key words 단어를 듣고, 대화문을 따라 말해 보세요.

hike	study	teach
하이킹하다	공부하다	가르치다

A: I don't like to **study**.
나는 공부하는 것을 좋아하지 않아.

B: Me, neither. 나도.

A: I don't like to **teach**.
나는 가르치는 것을 좋아하지 않아.

B: Me, neither. 나도.

🅐 우리말은 영어로, 영어는 우리말로 바꾸세요.

① coin _____ ② 걷다 _____

③ uniform _____ ④ 아기 _____

⑤ grape _____ ⑥ 바이올린 _____

🅑 그림을 보고, 알맞은 단어를 쓰세요.

①

거울

_____

②

피아노

_____

③

닭고기

_____

④

고양이

_____

⑤

꽃

_____

⑥

공부하다

_____

70

C 우리말을 보고, 주어진 단어를 바르게 배열하여 문장을 완성하세요.

1 나한테 우유가 없어.

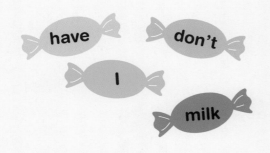

have   don't   I   milk

→ ------------------------------

2 나는 기타를 가지고 있어.

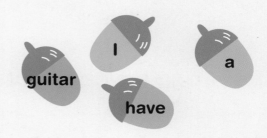

guitar   I   a   have

→ ------------------------------

D 밑줄 친 곳에 알맞은 문장을 상자에서 찾아 대화를 완성하세요.

I don't like to hike.	Do you like birds?
I like ice cream.	What do you like?

1 A: _____
B: Yes, I do.

2 A: I like apples. _____
B: I like bananas.

3 A: _____
B: So do I.

4 A: _____
B: Me, neither.

DAY 51

What time is it?

현재 시각을 물을 때는 What time is it?이라고 해요. 시각을 말할 때는 It's 다음에 시각을 나타내는 숫자를 말하면 됩니다.

 Dialogue 대화를 듣고, 따라 말해 보세요.

🎧 **051**

A **What time is it?**
몇 시니?

B **It's 3 o'clock.**
3시야.

 Key words 단어를 듣고, 대화문을 따라 말해 보세요.

one	two	three	four
1	2	3	4

five	six	seven	eight
5	6	7	8

A: What time is it? 몇 시니?

B: It's 4 o'clock. 4시야.

A: What time is it? 몇 시니?

B: It's 5 o'clock. 5시야.

72

It's time for bed.

지금이 어떤 일을 할 시간인지 말할 때는 It's time for ~. 라고 합니다.
for 뒤에는 할 일과 관련 있는 물건이나 장소 이름이 와야 해요.

 Dialogue 대화를 듣고, 따라 말해 보세요. 🎧 052

A **It's 9 o'clock.**
9시야.

B **It's time for bed.**
잘 시간이네.

 Key words 단어를 듣고, 대화문을 따라 말해 보세요.

bed	**school**	**snack**
침대	학교	간식

A: It's 8 o'clock. 8시야.

B: It's time for **school**. 학교 갈 시간이네.

A: It's 2 o'clock. 2시야.

B: It's time for a **snack**. 간식 먹을 시간이네.

DAY 53

I have breakfast at 7:00.

내가 몇 시에 무슨 일을 하는지 말할 때는 「I+하는 일+at+시각.」이라고 합니다.
'~ 시에'라고 할 때는 시각 앞에 at을 쓴다는 것을 기억해 두세요.

 Dialogue 대화를 듣고, 따라 말해 보세요.

🎧 **053**

A **What time do you have breakfast?**
너는 몇 시에 아침밥을 먹니?

B **I have breakfast at 7:00.**
난 7시에 아침밥을 먹어.

 Key words 단어를 듣고, 대화문을 따라 말해 보세요.

breakfast	lunch	dinner
아침밥	점심밥	저녁밥

A: What time do you have **lunch**?
너는 몇 시에 점심밥을 먹니?

B: I have **lunch** at 1:00.
난 1시에 점심밥을 먹어.

A: What time do you have **dinner**?
너는 몇 시에 저녁밥을 먹니?

B: I have **dinner** at 6:00.
난 6시에 저녁밥을 먹어.

Tip '7시'는 7 o'clock이나 7:00이라고 쓰면 됩니다.

74

DAY 54 What day is it today?

What day is it today?는 오늘이 무슨 요일인지 물을 때 사용하는 표현이에요.
대답할 때는 It's 다음에 요일 이름을 말하면 됩니다.

 Dialogue 대화를 듣고, 따라 말해 보세요.

🎧 054

A **What day is it today?**
오늘이 무슨 요일이니?

B **It's Sunday.**
일요일이야.

 Key words 단어를 듣고, 대화문을 따라 말해 보세요.

Sunday	Monday	Tuesday	Wednesday
일요일	월요일	화요일	수요일

Thursday	Friday	Saturday
목요일	금요일	토요일

A: What day is it today?
오늘이 무슨 요일이니?

B: It's **Monday**. 월요일이야.

A: What day is it today?
오늘이 무슨 요일이니?

B: It's **Friday**. 금요일이야.

75

DAY 55
What date is it today?

오늘이 며칠인지 물을 때는 What date is it today?라고 해요. 대답할 때는 It's 뒤에 '월' 이름과 '일'을 순서대로 씁니다. 이때 '일'은 '~ 번째'라는 뜻의 숫자로 써야 해요.

 Dialogue 대화를 듣고, 따라 말해 보세요.

🎧 055

A **What date is it today?**
오늘이 며칠이니?

B **It's December 25th.**
12월 25일이야.

 Key words 단어를 듣고, 따라 말해 보세요.

January	February	March	April
1월	2월	3월	4월

May	June	July	August
5월	6월	7월	8월

September	October	November	December
9월	10월	11월	12월

Tip 월 이름은 첫 글자를 항상 대문자로 씁니다.

DAY 56

When is your birthday?

나와 이야기하고 있는 사람의 생일을 물을 때는 When is your birthday?라고 해요. 이 물음에 답할 때는 My birthday is 다음에 날짜를 말합니다.

 Dialogue 대화를 듣고, 따라 말해 보세요.

🎧 056

> **A** **When is your birthday?**
> 네 생일은 언제니?
>
> **B** **My birthday is April 1st.**
> 4월 1일이야.

 Key words 단어를 듣고, 따라 말해 보세요.

first (1st)	**second (2nd)**	**third (3rd)**
첫 번째	두 번째	세 번째
fourth (4th)	**fifth (5th)**	**sixth (6th)**
네 번째	다섯 번째	여섯 번째
seventh (7th)	**eighth (8th)**	**ninth (9th)**
7번째	여덟 번째	아홉 번째

Tip '일'은 숫자에 -th를 붙여 나타냅니다. 예외 1, 21, 31일 -st / 2, 22일 -nd / 3, 23일 -rd

DAY 57

How's the weather?

날씨나 기온이 어떤지를 물을 때는 '날씨'라는 뜻의 weather를 사용하여
How's the weather?라고 합니다.

 **Dialogue** 대화를 듣고, 따라 말해 보세요.

 057

A How's the weather?
날씨가 어때?

B It's hot.
더워.

 **Key words** 단어를 듣고, 대화문을 따라 말해 보세요.

hot	cold	warm
더운	추운	따뜻한

A: How's the weather? 날씨가 어때?   A: How's the weather? 날씨가 어때?

B: It's **cold**. 추워.   B: It's **warm**. 따뜻해.

DAY 58 It's raining.

날씨를 말할 때는 It's 뒤에 날씨가 어떤지 말하면 돼요. 날씨를 물을 때는 앞에서 배운 How's the weather? 대신 What's the weather like?라고 해도 됩니다.

 Dialogue 대화를 듣고, 따라 말해 보세요. 058

> **A** **What's the weather like?**
> 날씨가 어때?
>
> **B** **It's raining.**
> 비가 오고 있어.

 Key words 단어를 듣고, 대화문을 따라 말해 보세요.

raining	snowing	sunny
비가 오고 있는	눈이 오고 있는	화창한

A: What's the weather like? 날씨가 어때?
B: It's **snowing**. 눈이 오고 있어.

A: What's the weather like? 날씨가 어때?
B: It's **sunny**. 화창해.

79

DAY 59 Put on your coat.

날씨에 따라서 입어야 하는 옷도 달라지는데요. 다른 사람에게 옷을 입거나 장갑을 끼고 모자를 쓰라고 할 때는 「Put on your+옷/장갑/모자.」라고 합니다.

 Dialogue 대화를 듣고, 따라 말해 보세요.

🎧 **059**

A **It's cold. Put on your coat.**
날씨가 추워. 외투를 입어라.

B **Okay, Mom.**
네, 엄마.

 **Key words** 단어를 듣고, 대화문을 따라 말해 보세요.

coat	glove	hat
외투	장갑	모자

A: It's cold. Put on your **gloves**.
날씨가 추워. 장갑을 껴라.

B: Okay, Mom. 네, 엄마.

A: It's cold. Put on your **hat**.
날씨가 추워. 모자를 써라.

B: Okay, Mom. 네, 엄마.

Tip   glove는 장갑 한 짝을 말해요. 양손에 장갑을 껴야 할 때는 gloves라고 해야 합니다.

DAY 60 I like summer.

좋아하는 계절을 말할 때는 「I like+계절.」이라고 해요. 내가 좋아하는 계절을 말한 다음 '너는 어떤 계절을 좋아해?'라고 물을 때는 How about you?라고 합니다.

 Dialogue 대화를 듣고, 따라 말해 보세요.

 060

A **I like summer.**
How about you?
나는 여름을 좋아해. 너는 어때?

B **I like winter.**
나는 겨울을 좋아해.

 Key words 단어를 듣고, 대화문을 따라 말해 보세요.

summer	**winter**	**spring**	**fall**
여름	겨울	봄	가을

A: I like summer. How about you?
나는 여름을 좋아해. 너는 어때?

B: I like **spring**. 나는 봄을 좋아해.

A: I like summer. How about you?
나는 여름을 좋아해. 너는 어때?

B: I like **fall**. 나는 가을을 좋아해.

81

Review Test 6

A 우리말은 영어로, 영어는 우리말로 바꾸세요.

① hat _____ ② 따뜻한 _____

③ dinner _____ ④ 간식 _____

⑤ Thursday _____ ⑥ 다섯 번째 _____

B 그림을 보고, 알파벳을 바르게 배열하여 단어를 완성하세요.

①

화창한

n s y u n

_____

②

점심밥

c l n u h

_____

③

7월

l u J y

_____

④

8

h t g e i

_____

⑤

가을

l f a l

_____

⑥

장갑

v l g o e

_____

C 알맞은 단어를 보기에서 골라 다음 대화문을 완성하세요.

weather	time
date	when

❶ A: What [ ] is it today?
B: It's December 25th.

❷ A: [ ] is your birthday?
B: My birthday is April 1st.

❸ A: How's the [ ] ?
B: It's hot.

❹ A: It's 9 o'clock.
B: It's [ ] for bed.

D 밑줄 친 곳에 알맞은 문장을 상자에서 찾아 대화를 완성하세요.

Put on your coat.	What time is it?
What day is it today?	It's raining.

❶ A: _____
B: It's 3 o'clock.

❷ A: What's the weather like?
B: _____

❸ A: It's cold. _____
B: Okay, Mom.

❹ A: _____
B: It's Sunday.

DAY 61
I'm a nurse.

내 직업을 말할 때는 「I'm a+직업.」이라고 해요. 나와 이야기하고 있는 사람의 직업을 물을 때는 What do you do?라고 합니다.

 Dialogue 대화를 듣고, 따라 말해 보세요.

🎧 **061**

A I'm a student. What do you do?
저는 학생인데요. 무슨 일을 하세요?

B I'm a nurse.
나는 간호사야.

 Key words 단어를 듣고, 대화문을 따라 말해 보세요.

nurse	cook	pilot
간호사	요리사	비행기 조종사

A: I'm a student. What do you do?
저는 학생인데요. 무슨 일을 하세요?

B: I'm a **cook**. 나는 요리사야.

A: I'm a student. What do you do?
저는 학생인데요. 무슨 일을 하세요?

B: I'm a **pilot**. 나는 비행기 조종사야.

Tip cook은 '요리하다'라는 뜻으로도 쓰이지만, '요리사'라는 직업을 나타내기도 합니다.

DAY 62

What does he do?

그 남자의 직업을 물을 때는 What does he do?라고 해요. 그 여자의 직업을 물을 때는 he 대신 she를 써서 What does she do?라고 하면 됩니다.

 Dialogue 대화를 듣고, 따라 말해 보세요.

 062

A **What does he do?**
그는 무슨 일을 하니?

B **He is a vet.**
그는 수의사야.

 Key words 단어를 듣고, 대화문을 따라 말해 보세요.

vet	police officer	musician
수의사	경찰관	음악가

A: What does he do? 그는 무슨 일을 하니?
B: He is a **police officer**. 그는 경찰관이야.

A: What does he do? 그는 무슨 일을 하니?
B: He is a **musician**. 그는 음악가야.

DAY 63

Does she work at a school?

그 여자가 선생님인지 물어볼 때는 어떻게 말할까요? '그녀는 선생님이니?'라는 뜻으로 Is she a teacher?라고 해도 되지만, Does she work at a school? 이라고 해도 됩니다.

 Dialogue 대화를 듣고, 따라 말해 보세요. 🎧 063

A **Does she work at a school?**
그녀는 학교에서 일하니?

B **Yes, she does.**
She is a teacher.
응, 맞아. 그녀는 선생님이야.

 Key words 단어를 듣고, 대화문을 따라 말해 보세요.

school	hospital	restaurant
학교	병원	음식점

A: Does she work at a **hospital**?
그녀는 병원에서 일하니?

B: Yes, she does. She is a doctor.
응, 맞아. 그녀는 의사야.

A: Does she work at a **restaurant**?
그녀는 음식점에서 일하니?

B: Yes, she does. She is a cook.
응, 맞아. 그녀는 요리사야.

How old are you?

나와 이야기하고 있는 사람의 나이를 물을 때는 How old are you?라고 해요.
대답할 때는 「I'm+나이+years old.」라고 합니다.

 Dialogue 대화를 듣고, 따라 말해 보세요.

 064

A How old are you?
너는 몇 살이니?

B I'm ten years old.
난 10살이야.

Key words 단어를 듣고, 대화문을 따라 말해 보세요.

ten	eleven	twelve
10	11	12

A: How old are you? 너는 몇 살이니?
B: I'm **eleven** years old. 난 11살이야.

A: How old are you? 너는 몇 살이니?
B: I'm **twelve** years old. 난 12살이야.

DAY 65

Where are you from?

나와 이야기하고 있는 사람이 어디에서 왔는지 물어볼 때는 Where are you from?이라고 합니다. 대답할 때는 「I'm from+국가/도시.」라고 하세요.

 Dialogue 대화를 듣고, 따라 말해 보세요.

🎧 065

A Where are you from?
너는 어디에서 왔니?

B I'm from Canada.
캐나다에서 왔어.

 Key words 단어를 듣고, 대화문을 따라 말해 보세요.

Canada	France	Korea
캐나다	프랑스	한국

A: Where are you from?
   너는 어디에서 왔니?

B: I'm from **France**. 프랑스에서 왔어.

A: Where are you from?
   너는 어디에서 왔니?

B: I'm from **Korea**. 한국에서 왔어.

Tip 국가나 도시 이름의 첫 글자는 항상 대문자로 씁니다.

Where are you?

Where are you?는 어디에 있는지 물을 때 쓰는 말입니다. 대답할 때는 「I'm in the+장소.」라고 합니다.

 Dialogue 대화를 듣고, 따라 말해 보세요.

 🎧 **066**

A Where are you?
너 어디에 있니?

B I'm in the bathroom.
화장실에 있어.

 Key words 단어를 듣고, 대화문을 따라 말해 보세요.

bathroom	kitchen	living room
화장실	부엌	거실

A: Where are you? 너 어디에 있니?
B: I'm in the **kitchen**. 부엌에 있어.

A: Where are you? 너 어디에 있니?
B: I'm in the **living room**. 거실에 있어.

`Tip` bathroom은 집 안에 있는 화장실 겸 욕실을 가리킵니다.

DAY 67

It's in the box.

물건의 위치를 말할 때는 「It's+위치.」라고 해요. 위치를 나타내는 말에는 in, on, under 등이 있습니다. 물건의 위치를 물을 때는 「Where is+물건?」이라고 하세요.

 대화를 듣고, 따라 말해 보세요.

🎧 **067**

A **Where is my ball?**
내 공은 어디에 있어?

B **It's in the box.**
상자 안에 있어.

 단어를 듣고, 대화문을 따라 말해 보세요.

in	**on**	**under**
~ 안에	~ 위에	~ 밑에

A: Where is my ball? 내 공은 어디에 있어?
B: It's **on** the box. 상자 위에 있어.

A: Where is my ball? 내 공은 어디에 있어?
B: It's **under** the box. 상자 밑에 있어.

It's next to the school.

건물의 위치를 말할 때도 「It's+위치」라고 해요. 위치를 나타내는 말 중 자주 쓰이는 것으로는 next to, behind, in front of 가 있습니다.

 Dialogue 대화를 듣고, 따라 말해 보세요.

🎧 068

A **Where is the restaurant?**
음식점은 어디에 있니?

B **It's next to the school.**
학교 옆에 있어.

 Key words 단어를 듣고, 대화문을 따라 말해 보세요.

next to	behind	in front of
~ 옆에	~ 뒤에	~ 앞에

A: Where is the restaurant?
음식점은 어디에 있니?

B: It's **behind** the school.
학교 뒤에 있어.

A: Where is the restaurant?
음식점은 어디에 있니?

B: It's **in front of** the school.
학교 앞에 있어.

DAY 69

Go straight.

모르는 사람에게 길을 물을 때는 '실례합니다.'라는 뜻의 Excuse me.라고 말을
시작하는 게 좋아요. 곧장 쭉 가라고 길을 안내할 때는 Go straight.라고 합니다.

 대화를 듣고, 따라 말해 보세요.

🎧 069

A **Excuse me.**
Where is the bank?
실례합니다. 은행이 어디에 있어요?

B **Go straight.**
곧장 쭉 가세요.

 단어를 듣고, 대화문을 따라 말해 보세요.

bank	library	post office
은행	도서관	우체국

A: Excuse me.
  Where is the **library**?
  실례합니다. 도서관이 어디에 있어요?

B: Go straight. 곧장 쭉 가세요.

A: Excuse me.
  Where is the **post office**?
  실례합니다. 우체국이 어디에 있어요?

B: Go straight. 곧장 쭉 가세요.

Tip '오른쪽[왼쪽]으로 돌아가세요.'는 Turn right[left].라고 합니다.

92

DAY 70
It's on the third floor.

쇼핑몰 안에서 그 안에 있는 가게들이 어디에 있는지 물어보면 몇 층에 있다고 대답해야 하는데요. 이때는 「It's on the+~번째+floor.」라고 합니다.

 Dialogue 대화를 듣고, 따라 말해 보세요.   🎧 070

A Where is the shoe store?
신발 가게는 어디에 있어요?

B It's on the third floor.
3층에 있어요.

 Key words 단어를 듣고, 대화문을 따라 말해 보세요.

shoe store	bookstore	computer store
신발 가게	서점	컴퓨터 가게

A: Where is the **bookstore**?
서점은 어디에 있어요?

B: It's on the third floor. 3층에 있어요.

A: Where is the **computer store**?
컴퓨터 가게는 어디에 있어요?

B: It's on the third floor. 3층에 있어요.

93

Review Test 7

A 우리말은 영어로, 영어는 우리말로 바꾸세요.

1 restaurant ＿＿＿＿＿＿＿＿＿＿ **2** 한국 ＿＿＿＿＿＿＿＿＿＿＿＿

3 in front of ＿＿＿＿＿＿＿＿ **4** 도서관 ＿＿＿＿＿＿＿＿＿＿

5 police officer ＿＿＿＿＿＿＿ **6** 부엌 ＿＿＿＿＿＿＿＿＿＿＿

B 그림을 보고, 알맞은 단어를 쓰세요.

1

프랑스

2

거실

3

비행기 조종사

4

병원

5

～ 뒤에

6

우체국

C 우리말을 보고, 주어진 단어를 바르게 배열하여 문장을 완성하세요.

1 너는 어디에서 왔니?

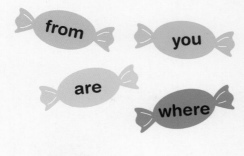

from   you   are   where

→ _____

2 그것은 상자 안에 있어.

it's   box   the   in

→ _____

D 밑줄 친 곳에 알맞은 문장을 상자에서 찾아 대화를 완성하세요.

> Does she work at a school?   What does he do?
>
> How old are you?   Where are you?

1 A: _____

B: He is a vet.

2 A: _____

B: I'm in the bathroom.

3 A: _____.

B: Yes, she does. She is a teacher.

4 A: _____

B: I'm ten years old.

DAY 71

I can ski.

할 수 있는 일을 말할 때는 '~할 수 있다'라는 뜻의 can을 사용해요. 내가 할 수 있는 일은 I can ~. 이라고 말하면 됩니다.

 Dialogue 대화를 듣고, 따라 말해 보세요.

🎧 071

> **A** **I can ski. Can you?**
> 난 스키를 탈 수 있어. 넌 할 수 있니?
>
> **B** **Sure, I can too.**
> 물론 나도 할 수 있어.

 Key words 단어를 듣고, 대화문을 따라 말해 보세요.

ski	fly	dive
스키를 타다	날다	다이빙하다

A: I can **fly**. Can you?
난 날 수 있어. 넌 할 수 있니?

B: Sure, I can too. 물론 나도 할 수 있어.

A: I can **dive**. Can you?
난 다이빙할 수 있어. 넌 할 수 있니?

B: Sure, I can too. 물론 나도 할 수 있어.

DAY 72
I can't fix it.

할 수 없는 일을 말할 때는 can't를 사용해요. 내가 할 수 없는 일을 말할 때는
I can't ~. 라고 하면 됩니다.

 Dialogue 대화를 듣고, 따라 말해 보세요.

 072

> **A** **I can't fix it.**
> 난 그것을 고칠 수 없어.
>
> **B** **Sorry to hear that.**
> 안됐다.

 Key words 단어를 듣고, 대화문을 따라 말해 보세요.

fix	stop	eat
고치다	멈추다	먹다

A: I can't **stop** it. 난 그것을 멈출 수 없어.　　A: I can't **eat** it. 난 그것을 먹을 수 없어.

B: Sorry to hear that. 안됐다.　　B: Sorry to hear that. 안됐다.

Can she swim?

그 여자가 어떤 일을 할 수 있는지 물을 때는 Can she ~?라고 해요. 할 수 있을 때는 Yes, she can.으로 대답하고, 할 수 없을 때는 No, she can't.라고 합니다.

 Dialogue 대화를 듣고, 따라 말해 보세요.

🎧 073

A Can she swim?
그녀는 수영을 할 수 있니?

B Yes, she can.
응, 할 수 있어.

 Key words 단어를 듣고, 대화문을 따라 말해 보세요.

swim	skate	drive
수영하다	스케이트를 타다	운전하다

A: Can she **skate**?
그녀는 스케이트를 탈 수 있니?

B: Yes, she can. 응, 할 수 있어.

A: Can she **drive**?
그녀는 운전할 수 있니?

B: No, she can't. 아니, 할 수 없어.

Tip 그 남자가 어떤 일을 할 수 있는지 물을 때는 Can he ~?라고 합니다.

DAY 74

Can you help me?

부탁이나 요청을 할 때는 Can you ~?라고 해요. 나를 도와달라고 요청할 때는
Can you help me?라고 하지요. 도와주겠다고 할 때는 Sure.라고 합니다.

 Dialogue 대화를 듣고, 따라 말해 보세요.

 🎧 074

A **Can you help me?**
나를 도와주겠니?

B **Sure.**
그럼요.

 **Key words** 단어를 듣고, 대화문을 따라 말해 보세요.

help	call	join
돕다	전화하다	같이하다

A: Can you **call** me? 나한테 전화해 주겠니?　　A: Can you **join** me? 나랑 같이 하겠니?

B: Sure. 그래.　　B: Sure. 그래.

Tip　Can you ~?로 요청하는 말에 거절할 때는 Sorry, I can't.로 대답합니다.

DAY 75

Can I help?

다른 사람의 허락을 구할 때는 Can I ~?라고 해요. 내가 도와줘도 되는지 허락을 구할 때는 Can I help?라고 하지요.

Dialogue 대화를 듣고, 따라 말해 보세요. 075

A Can I help?
내가 도와줄까?

B Yes. Please open the door.
응. 문 좀 열어 줘.

Key words 단어를 듣고, 대화문을 따라 말해 보세요.

open	close	hold
열다	닫다	잡다

A: Can I help? 내가 도와줄까?
B: Yes. Please **close** the door.
응. 문 좀 닫아 줘.

A: Can I help? 내가 도와줄까?
B: Yes. Please **hold** the door.
응. 문 좀 잡아 줘.

DAY 76
You can't play here.

하면 안 되는 일을 하고 있는 사람에게 You can't ~. 라고 하면 '넌 ~해서는 안 돼.'라는 뜻으로 금지하는 표현이 됩니다.

 Dialogue 대화를 듣고, 따라 말해 보세요.

🎧 076

A **You can't play here.**
여기서 놀면 안 돼.

B **I'm sorry.**
죄송해요.

 Key words 단어를 듣고, 대화문을 따라 말해 보세요.

play	park	smoke
놀다	주차하다	담배 피우다

A: You can't **park** here.
여기에 주차하시면 안 돼요.

B: I'm sorry. 미안하구나.

A: You can't **smoke** here.
여기에서 담배 피우시면 안 돼요.

B: I'm sorry. 미안하구나.

DAY 77

I want a soccer ball.

원하는 물건을 말할 때는 '원하다'라는 뜻의 want를 써서 말해요.
「I want+물건.」으로 내가 원하는 물건을 말해 보세요.

 대화를 듣고, 따라 말해 보세요.

 077

A What do you want for your birthday?
네 생일에 무엇을 원하니?

B I want a soccer ball.
난 축구공을 원해.

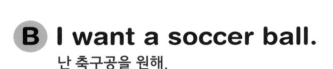 단어를 듣고, 대화문을 따라 말해 보세요.

soccer ball	cake	model ship
축구공	케이크	모형 배

A: What do you want for your birthday?
네 생일에 무엇을 원하니?

B: I want a **cake**. 난 케이크를 원해.

A: What do you want for your birthday?
네 생일에 무엇을 원하니?

B: I want a **model ship**. 난 모형 배를 원해.

I want to try it.

내가 하고 싶은 일을 말할 때도 want를 써서 말해요.
그러나 이때는 I want 뒤에 「to+동작」처럼 to를 꼭 넣어 말해야 합니다.

 Dialogue 대화를 듣고, 따라 말해 보세요.

🎧 078

A I want to try it.
난 그것을 먹어 보고 싶어.

B Same here.
나도 마찬가지야.

 Key words 단어를 듣고, 대화문을 따라 말해 보세요.

try	**buy**	**touch**
먹어 보다	사다	만지다

A: I want to **buy** it. 난 그것을 사고 싶어.

B: Same here. 나도 마찬가지야.

A: I want to **touch** it. 난 그것을 만져 보고 싶어.

B: Same here. 나도 마찬가지야.

DAY 79

Do you want to take a bus?

특정한 일을 하는 것을 원하는지 묻고 싶을 때는 Do you want to ~?라고 합니다.
원할 때는 Yes, I do.라고 대답하고, 원하지 않을 때는 No, I don't.라고 대답합니다.

 Dialogue 대화를 듣고, 따라 말해 보세요.

 🎧 **079**

A **Do you want to take a bus?**
너는 버스를 타고 싶니?

B **Yes, I do.**
응, 맞아.

 Key words 단어를 듣고, 대화문을 따라 말해 보세요.

bus	taxi	plane
버스	택시	비행기

A: Do you want to take a **taxi**?
너는 택시를 타고 싶니?

B: Yes, I do. 응, 맞아.

A: Do you want to take a **plane**?
너는 비행기를 타고 싶니?

B: No, I don't. 아니, 안 그래.

Tip   버스, 택시, 비행기, 기차, 배 등을 타는 것은 「take a+교통수단」으로 표현합니다.

What do you want to do tomorrow?

무슨 일을 하고 싶은지 물을 때는 What do you want to do?라고 합니다.
무슨 물건을 원하는지 물을 때 쓰는 What do you want?와 비교해서 알아 두세요.

 Dialogue 대화를 듣고, 따라 말해 보세요.

🎧 **080**

A **What do you want to do tomorrow?**
내일 뭐 하고 싶니?

B **I have no idea.**
모르겠어.

 Key words 단어를 듣고, 대화문을 따라 말해 보세요.

tomorrow	today	tonight
내일	오늘	오늘 저녁

A: What do you want to do **today**?
오늘 뭐 하고 싶니?

B: I have no idea. 모르겠어.

A: What do you want to do **tonight**?
오늘 저녁에 뭐 하고 싶니?

B: I have no idea. 모르겠어.

A 우리말은 영어로, 영어는 우리말로 바꾸세요.

① touch _____ ② 닫다 _____

③ drive _____ ④ 날다 _____

⑤ tonight _____ ⑥ 비행기 _____

B 그림을 보고, 알파벳을 바르게 배열하여 단어를 완성하세요.

①

먹다

a t e

_____

②

스케이트 타다

e k a s t

_____

③

전화하다

l a c l

_____

④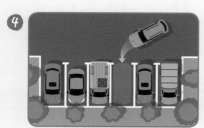

주차하다

a p k r

_____

⑤

택시

x i a t

_____

⑥

다이빙하다

v i d e

_____

C 알맞은 단어를 보기에서 골라 다음 대화문을 완성하세요.

can	**what**
want	**can't**

❶ A: [   ] do you want to do tomorrow?

B: I have no idea.

❷ A: You [   ] play here.

B: I'm sorry.

❸ A: I [   ] to try it.

B: Same here.

❹ A: [   ] you help me?

B: Sure.

D 밑줄 친 곳에 알맞은 문장을 상자에서 찾아 대화를 완성하세요.

Can she swim?	**Do you want to take a bus?**
Can I help?	**I can't fix it.**

❶ A: _____

B: Sorry to hear that.

❷ A: _____

B: Yes. Please open the door.

❸ A: _____

B: Yes, she can.

❹ A: _____

B: Yes, I do.

Let's run.

다른 사람에게 어떤 일을 같이 하자고 제안할 때는 Let's ~. 라고 합니다.
Let's ~는 '~하자.'라는 뜻이에요.

⭐ Dialogue 대화를 듣고, 따라 말해 보세요.

🎧 081

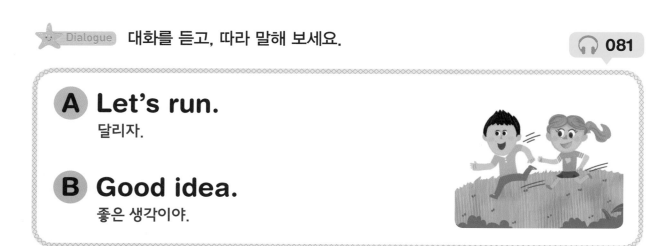

A Let's run.
달리자.

B Good idea.
좋은 생각이야.

🌸 Key words 단어를 듣고, 대화문을 따라 말해 보세요.

run	rest	jog
달리다	쉬다	조깅하다

A: Let's **rest**. 쉬자.
B: Good idea. 좋은 생각이야.

A: Let's **jog**. 조깅하자.
B: Good idea. 좋은 생각이야.

108

DAY 82 Sounds good.

제안하는 말에 승낙할 때는 Sounds good.이라고 합니다. 앞에서 배운 Good idea.
도 제안을 승낙할 때 사용하는 말입니다.

 Dialogue 대화를 듣고, 따라 말해 보세요. 🎧 082

A Let's make pizza.
피자를 만들자.

B Sounds good.
좋아.

 Key words 단어를 듣고, 대화문을 따라 말해 보세요.

pizza	salad	jam
피자	샐러드	잼

A: Let's make **salad**. 샐러드를 만들자.　　A: Let's make **jam**. 잼을 만들자.

B: Sounds good. 좋아.　　B: Sounds good. 좋아.

109

DAY 83

Sorry, I can't.

상대방의 제안을 거절해야 할 때는 Sorry, I can't.라고 합니다. 뒤에 거절하는 이유를 말하면 좋습니다.

 Dialogue 대화를 듣고, 따라 말해 보세요. 🎧 083

A **Let's play soccer.**
축구 하자.

B **Sorry, I can't. I'm tired.**
미안하지만 난 못 하겠어. 피곤해.

 Key words 단어를 듣고, 대화문을 따라 말해 보세요.

soccer	tennis	baseball
축구	테니스	야구

A: Let's play **tennis**. 테니스 하자.
B: Sorry, I can't. I'm tired.
미안하지만 난 못 하겠어. 피곤해.

A: Let's play **baseball**. 야구 하자.
B: Sorry, I can't. I'm tired.
미안하지만 난 못 하겠어. 피곤해.

Tip 운동 경기를 하는 것은 「play+운동」으로 표현합니다.

110

DAY 84

How about 5:20?

How about ~?은 '~은 어때?'라는 뜻으로 제안할 때 사용합니다. 약속 시간을 제안할 때도 How about ~?을 쓸 수 있어요.

 Dialogue 대화를 듣고, 따라 말해 보세요.

🎧 **084**

A When shall we meet?
우리 언제 만날까?

B How about 5:20?
5시 20분 어때?

 Key words 단어를 듣고, 대화문을 따라 말해 보세요.

twenty	**thirty**	**forty**
20	30	40

A: When shall we meet?
우리 언제 만날까?

B: How about 2:30? 2시 30분 어때?

A: When shall we meet?
우리 언제 만날까?

B: How about 7:40? 7시 40분 어때?

Tip '5시 20분'은 '5:20'으로 쓰고, five twenty라고 말해요. 이렇게 '시'와 '분'은 따로 말해요.

DAY 85

What about at the bus stop?

What about ~?도 How about ~?과 마찬가지로 제안할 때 써요.
뜻도 '~은 어때?'로 똑같아요. 약속 시간이나 약속 장소를 제안할 때 쓸 수 있습니다.

 Dialogue 대화를 듣고, 따라 말해 보세요.

🎧 **085**

A **Where shall we meet?**
우리 어디에서 만날까?

B **What about at the bus stop?**
버스 정류장은 어때?

 Key words 단어를 듣고, 대화문을 따라 말해 보세요.

bus stop	train station	airport
버스 정류장	기차역	공항

A: Where shall we meet?
우리 어디에서 만날까?

A: Where shall we meet?
우리 어디에서 만날까?

B: What about at the **train station**?
기차역은 어때?

B: What about at the **airport**?
공항은 어때?

DAY 86 Please come in.

Please come in.은 다른 사람이 우리 집을 찾아왔을 때 '들어오세요.'라는 뜻으로 하는 말입니다.

 Dialogue 대화를 듣고, 따라 말해 보세요.

 🎧 **086**

A **Please come in.**
들어오세요.

B **Sure.**
그래.

 Key words 단어를 듣고, 대화문을 따라 말해 보세요.

come in	sit down	stand up
들어오다	앉다	일어서다

A: Please **sit down.** 앉으세요.
B: Sure. 네.

A: Please **stand up.** 일어서세요.
B: Sure. 네.

113

DAY 87 Don't take off your shoes.

상대방에게 어떤 일을 하지 말라고 할 때는 Don't ~.라고 해요. 옷이나 신발을 벗거나 손목시계를 푸는 것은 「take off+옷/신발/손목시계」라고 합니다.

 대화를 듣고, 따라 말해 보세요.

🎧 087

A **Don't take off your shoes.**
신발 벗지 마.

B **Oh, okay.**
아, 알았어.

 단어를 듣고, 대화문을 따라 말해 보세요.

shoe	jacket	watch
신발	재킷	손목시계

A: Don't take off your **jacket**.
재킷 벗지 마.

B: Oh, okay. 아, 알았어.

A: Don't take off your **watch**.
손목시계 풀지 마.

B: Oh, okay. 아, 알았어.

Tip   clock은 벽시계나 탁상시계이고, watch는 손목시계입니다.

DAY 88

This pie smells good.

음식의 냄새에 대해서 말할 때는 '~한 냄새가 나다'라는 뜻의 smell을 사용해요.
냄새가 좋다고 할 때는 smell good이라고 합니다.

 Dialogue 대화를 듣고, 따라 말해 보세요.

 088

> **A** **This pie smells good.**
> 이 파이는 냄새가 좋네요.
>
> **B** **Thank you. Please go ahead.**
> 고마워. 어서 먹어라.

 Key words 단어를 듣고, 대화문을 따라 말해 보세요.

pie	soup	pasta
파이	수프	파스타

A: This **soup** smells good.
이 수프는 냄새가 좋네요.

B: Thank you. Please go ahead.
고마워. 어서 먹어라.

A: This **pasta** smells good.
이 파스타는 냄새가 좋네요.

B: Thank you. Please go ahead.
고마워. 어서 먹어라.

DAY 89

Help yourself.

이 표현에서 help는 '돕다'라는 뜻이 아니에요. Help yourself.는 음식을 권하면서 많이 먹으라고 할 때 쓰는 표현입니다.

 Dialogue 대화를 듣고, 따라 말해 보세요.

 089

A **These noodles are yummy.**
이 국수는 맛있구나.

B **Help yourself.**
많이 먹어.

 Key words 단어를 듣고, 대화문을 따라 말해 보세요.

noodle	donut	potato
면	도넛	감자

A: These **donuts** are yummy.
  이 도넛은 맛있구나.

B: Help yourself. 많이 먹어.

A: These **potatoes** are yummy.
  이 감자는 맛있구나.

B: Help yourself. 많이 먹어.

Tip 국수 요리를 가리킬 때는 noodle이라고 하지 않고 noodles라고 합니다.

DAY 90 Do you want some more sandwiches?

「Do you want some more+음식?」은 음식을 더 권할 때 사용해요. 더 먹겠다고 할 때는 Yes, please.라고 대답하고, 더 먹지 않겠다고 할 때는 No, thanks.라고 대답합니다.

 Dialogue 대화를 듣고, 따라 말해 보세요. 🎧 090

A **Do you want some more sandwiches?**
샌드위치 더 먹을래?

B **Yes, please.**
응, 그럴래.

Key words 단어를 듣고, 대화문을 따라 말해 보세요.

sandwich	candy	cookie
샌드위치	사탕	쿠키

A: Do you want some more **candies**?
사탕 더 먹을래?

B: Yes, please. 응, 그럴래.

A: Do you want some more **cookies**?
쿠키 더 먹을래?

B: No, thank you. 고맙지만 괜찮아.

Tip 음식을 더 권할 때 Do you want some more?라고만 해도 됩니다.

117

A 우리말과 숫자는 영어로, 영어는 우리말로 바꾸세요.

1 airport _____

2 40 _____

3 candy _____

4 샐러드 _____

5 potato _____

6 조깅하다 _____

B 그림을 보고, 알맞은 단어를 쓰세요.

1
야구

_____

2
재킷

_____

3
쉬다

_____

4
잼

_____

5
손목시계

_____

6
도넛

_____

C 우리말을 보고, 주어진 단어를 바르게 배열하여 문장을 완성하세요.

1 이 파이는 냄새가 좋네요.

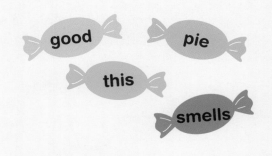

→ _____

2 신발 벗지 마.

→ _____

D 밑줄 친 곳에 알맞은 문장을 상자에서 찾아 대화를 완성하세요.

> Let's run.   Help yourself.
>
> What about at the bus stop?   Sorry, I can't.

1 A: Let's play soccer.

B: _____ I'm tired.

2 A: Where shall we meet?

B: _____

3 A: These noodles are yummy.

B: _____

4 A: _____

B: Good idea.

I'm looking for a lamp.

가게에 가서 점원에게 내가 찾고 있는 물건이 무엇인지 말할 때는
「I'm looking for+물건.」이라고 합니다.

 Dialogue 대화를 듣고, 따라 말해 보세요.

 091

A **May I help you?**
도와드릴까요?

B **Yes, I'm looking for a lamp.**
네, 저는 램프를 찾고 있어요.

 Key words 단어를 듣고, 대화문을 따라 말해 보세요.

lamp	drum	radio
램프	북	라디오

A: May I help you? 도와드릴까요?
B: Yes, I'm looking for a **drum**.
　　네, 저는 북을 찾고 있어요.

A: May I help you? 도와드릴까요?
B: Yes, I'm looking for a **radio**.
　　저는 라디오를 찾고 있어요.

How much is it?

물건의 가격을 물을 때는 '얼마의'라는 뜻의 how much를 사용해서 How much is it? 이라고 하면 됩니다.

⭐ Dialogue 대화를 듣고, 따라 말해 보세요.

🎧 092

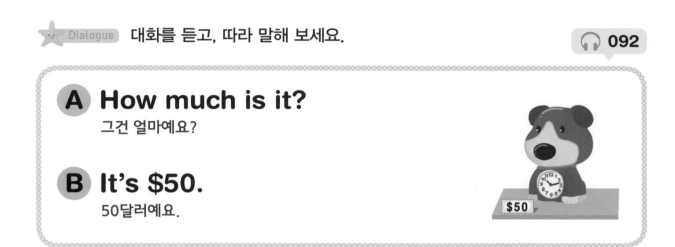

A **How much is it?**
그건 얼마예요?

B **It's $50.**
50달러예요.

$50

🌸 Key words 단어를 듣고, 대화문을 따라 말해 보세요.

fifty	**sixty**	**seventy**
50	60	70

A: How much is it? 그건 얼마예요?

B: It's $60. 60달러예요.

A: How much is it? 그건 얼마예요?

B: It's $70. 70달러예요.

Tip '50달러'는 $50라고 쓰고, fifty dollars라고 말합니다.

DAY 93

They're $80.

2개 이상의 물건값을 말할 때는 「They're+가격.」이라고 해요. 이때는 물건값을 물어볼 때도 How much is it?이라고 하지 말고 How much are they?라고 해야 합니다.

 Dialogue 대화를 듣고, 따라 말해 보세요.

🎧 093

A How much are they?
그것들은 얼마예요?

B They're $80.
80달러예요.

 Key words 단어를 듣고, 대화문을 따라 말해 보세요.

eighty	ninety	hundred
80	90	100

A: How much are they?
그것들은 얼마예요?

B: They're **$90**. 90달러예요.

A: How much are they?
그것들은 얼마예요?

B: They're **$100**. 100달러예요.

Tip '100달러'는 $100이라고 쓰고, one hundred dollars라고 말합니다.

DAY 94

It's too expensive.

가게에서 파는 상품에 대한 느낌을 말할 때는 It's ~.라고 해요. 가격이 비싼 것은 expensive라고 하는데, 너무 비싸다는 느낌이 들 때는 expensive 앞에 too를 붙여 말합니다.

 Dialogue 대화를 듣고, 따라 말해 보세요.

🎧 094

A **Do you like it?**
그것이 맘에 드세요?

B **Umm...it's too expensive.**
음, 너무 비싸네요.

 Key words 단어를 듣고, 대화문을 따라 말해 보세요.

expensive	heavy	thick
비싼	무거운	두꺼운

A: Do you like it? 그것이 맘에 드세요?
B: Umm...it's too **heavy**. 음, 너무 무겁네요.

A: Do you like it? 그것이 맘에 드세요?
B: Umm...it's too **thick**. 음, 너무 두껍네요.

DAY 95

I'll take it.

가게에서 물건을 고른 후 사겠다고 할 때는 I'll take it.이라고 해요.
take 대신 buy를 써서 I'll buy it.이라고 해도 됩니다.

 Dialogue 대화를 듣고, 따라 말해 보세요.

🎧 **095**

A **How about this mug?**
이 머그잔은 어떠세요?

B **I like it. I'll take it.**
마음에 들어요. 살게요.

 Key words 단어를 듣고, 대화문을 따라 말해 보세요.

mug	desk	ring
머그잔	책상	반지

A: How about this **desk**?
이 책상은 어떠세요?

B: I like it. I'll take it. 마음에 들어요. 살게요.

A: How about this **ring**?
이 반지는 어떠세요?

B: I like it. I'll take it. 마음에 들어요. 살게요.

DAY 96 Here you are.

Here you are.는 물건을 건네면서 '여기 있어요.'라는 뜻으로 하는 말이에요.
물건이 하나든 여러 개든 상관없이 쓸 수 있는 표현입니다.

 Dialogue 대화를 듣고, 따라 말해 보세요.

🎧 **096**

A **I want a map.**
저는 지도를 원해요.

B **Here you are.**
여기 있어요.

 Key words 단어를 듣고, 대화문을 따라 말해 보세요.

map	**rose**	**stamp**
지도	장미	우표

A: I want a **rose**. 저는 장미를 원해요.　　A: I want a **stamp**. 저는 우표를 원해요.

B: Here you are. 여기 있어요.　　B: Here you are. 여기 있어요.

Tip 물건이 1개일 때는 Here it is., 2개 이상일 때는 Here they are.라고 해도 됩니다.

I visited my uncle.

과거에 무엇을 했는지 물을 때는 What did you do?라고 묻는데요. 대답할 때도 동작을 나타내는 말에 -ed를 붙여 과거의 일로 말해야 해요.

 Dialogue   대화를 듣고, 따라 말해 보세요.

🎧 **097**

A What did you do yesterday?
어제 뭐 했어?

B I visited my uncle.
삼촌을 방문했어.

 Key words   단어를 듣고, 대화문을 따라 말해 보세요.

uncle	**aunt**	**cousin**
삼촌, 이모부, 고모부	숙모, 이모, 고모	사촌

A: What did you do yesterday?
어제 뭐 했어?

B: I visited my **aunt**. 이모를 방문했어.

A: What did you do yesterday?
어제 뭐 했어?

B: I visited my **cousin**. 사촌을 방문했어.

Tip   visit는 현재의 일을 말할 때, visited는 과거의 일을 말할 때 씁니다.

126

How was your party?

지난 일이나 행사 등이 어땠는지 물을 때는 How was ~?라고 합니다. 이에 대해서는 It is ~. 가 아니라 It was ~.로 대답하는 것에 주의하세요.

 Dialogue 대화를 듣고, 따라 말해 보세요.

🎧 098

A How was your party?
네 파티는 어땠어?

B It was great.
아주 좋았어.

 Key words 단어를 듣고, 대화문을 따라 말해 보세요.

party	vacation	trip
파티	방학	여행

A: How was your **vacation**?
네 방학은 어땠어?

B: It was great. 아주 좋았어.

A: How was your **trip**?
네 여행은 어땠어?

B: It was great. 아주 좋았어.

Tip   It is ~.는 현재의 상태를 말할 때, It was ~.는 과거의 상태를 말할 때 사용합니다.

127

DAY 99

I'll go to the park.

앞으로의 계획을 말할 때는 '~할 것이다'라는 뜻의 will을 사용해서 말해요.
I'll은 I will을 줄여 쓴 것입니다.

 Dialogue 대화를 듣고, 따라 말해 보세요.

🎧 099

A **What will you do tomorrow?**
내일 뭐 할 거야?

B **I'll go to the park.**
공원에 갈 거야.

 Key words 단어를 듣고, 대화문을 따라 말해 보세요.

park	zoo	museum
공원	동물원	박물관

A: What will you do tomorrow?
내일 뭐 할 거야?

B: I'll go to the **zoo**.
동물원에 갈 거야.

A: What will you do tomorrow?
내일 뭐 할 거야?

B: I'll go to the **museum**.
박물관에 갈 거야.

DAY 100
I'm watching TV.

'난 지금 ~하는 중이야.'라는 뜻으로 지금 하고 있는 일을 말할 때는 I'm -ing.라고 해요. -ing는 동작을 나타내는 말에 ing를 붙여 만듭니다.

 Dialogue 대화를 듣고, 따라 말해 보세요.

🎧 **100**

A **What are you doing there?**
너 거기서 뭐 하고 있어?

B **I'm watching TV.**
TV를 보는 중이야.

 Key words 단어를 듣고, 대화문을 따라 말해 보세요.

watch TV	listen to music	read a book
TV를 보다	음악을 듣다	책을 읽다

A: What are you doing there?
너 거기서 뭐 하고 있어?

B: I'm **listening to music**.
음악을 듣는 중이야.

A: What are you doing there?
너 거기서 뭐 하고 있어?

B: I'm **reading a book**.
책을 읽는 중이야.

Review Test 10

🅰 우리말과 숫자는 영어로, 영어는 우리말로 바꾸세요.

❶ museum _____ ❷ 여행 _____

❸ heavy _____ ❹ 사촌 _____

❺ ring _____ ❻ 90 _____

🅱 그림을 보고, 알파벳을 바르게 배열하여 단어를 완성하세요.

❶

장미

s r e o

_____

❷
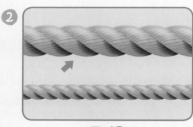
두꺼운

k i t c h

_____

❸

책상

k e s d

_____

❹

북

r d m u

_____

❺

동물원

o z o

_____

❻

우표

t a m s p

_____

C 알맞은 단어를 보기에서 골라 다음 대화문을 완성하세요.

expensive	visited
take	here

❶ A: I want a map.
　B: [_____] you are.

❷ A: How about this mug?
　B: I like it. I'll [_____] it.

❸ A: What did you do yesterday?
　B: I [_____] my uncle.

❹ A: Do you like it?
　B: Umm…it's too [_____].

D 밑줄 친 곳에 알맞은 문장을 상자에서 찾아 대화를 완성하세요.

How much is it?	I'm watching TV.
I'm looking for a lamp.	How was your party?

❶ A: _____
　B: It was great.

❷ A: May I help you?
　B: Yes, _____

❸ A: What are you doing there?
　B: _____

❹ A: _____
　B: It's $50.

Review Test 1

A 1. 또 2. good
3. 풍선 4. friend
5. 오후 6. name

B 1. clock 2. teacher
3. key 4. evening
5. chair 6. bell

C 1. What are these?
2. This is my friend, Sohee.

D 1. What's that?
2. How are you?
3. See you later.
4. She is my mother.

Review Test 2

A 1. 목마른 2. sleepy
3. 건강한 4. cute
5. 재미있는 6. rude

B 1. short 2. sad
3. lazy 4. rich
5. brave 6. angry

C 1. aren't 2. she
3. feel 4. No

D 1. Is she shy?
2. How is he?
3. Yes, I am.
4. Yes, he is.

Review Test 3

A 1. 똑똑한 2. sing
3. 문제 4. kind
5. 고열 6. mind

B 1. cough 2. race
3. shirt 4. strong
5. math 6. draw

C 1. What a nice car!
2. That's too bad.

D 1. Thank you.
2. Don't worry.
3. Congratulations!
4. How pretty she is!

Review Test 4

A 1. 노란색의 2. easy
3. (크기가) 작은 4. chopstick
5. 칫솔 6. eraser

B 1. bike 2. high
3. phone 4. hard
5. book 6. towel

C 1. Which 2. yours
3. my 4. Whose

D 1. It's longer than mine.
2. Are they wet?
3. Is that your cup?
4. What color is it?

Review Test 5

A 1. 동전   2. walk
3. 교복   4. baby
5. 포도   6. violin

B 1. mirror   2. piano
3. chicken   4. cat
5. flower   6. study

C 1. I don't have milk.
2. I have a guitar.

D 1. Do you like birds?
2. What do you like?
3. I like ice cream.
4. I don't like to hike.

Review Test 6

A 1. 모자   2. warm
3. 저녁밥   4. snack
5. 목요일   6. fifth

B 1. sunny   2. lunch
3. July   4. eight
5. fall   6. glove

C 1. date   2. When
3. weather   4. time

D 1. What time is it?
2. It's raining.
3. Put on your coat.
4. What day is it today?

Review Test 7

A 1. 음식점   2. Korea
3. ~ 앞에   4. library
5. 경찰관   6. kitchen

B 1. France   2. living room
3. pilot   4. hospital
5. behind   6. post office

C 1. Where are you from?
2. It's in the box.

D 1. What does he do?
2. Where are you?
3. Does she work at a school?
4. How old are you?

Review Test 8

A 1. 만지다   2. close
3. 운전하다   4. fly
5. 오늘 저녁   6. plane

B 1. eat   2. skate
3. call   4. park
5. taxi   6. dive

C 1. What   2. can't
3. want   4. Can

D 1. I can't fix it.
2. Can I help?
3. Can she swim?
4. Do you want to take a bus?

A 1. 공항   2. forty
    3. 사탕   4. salad
    5. 감자   5. jog

B 1. baseball   2. jacket
    3. rest   4. jam
    5. watch   6. donut

C 1. This pie smells good.
    2. Don't take off your shoes.

D 1. Sorry, I can't.
    2. What about at the bus stop?
    3. Help yourself.
    4. Let's run.

A 1. 박물관   2. trip
    3. 무거운   4. cousin
    5. 반지   6. ninety

B 1. rose   2. thick
    3. desk   4. drum
    5. zoo   6. stamp

C 1. Here   2. take
    3. visited   4. expensive

D 1. How was your party?
    2. I'm looking for a lamp.
    3. I'm watching TV.
    4. How much is it?

초등 영어 교과서 필수 회화 표현

초등영어 100일의 기적

초등교재개발연구소 지음

Workbook

넥서스

초등 영어 교과서 필수 회화 표현

초등영어 100일의 기적

초등교재개발연구소 지음

Workbook

넥서스

Good morning. 안녕.

Good morning, Dad. 안녕하세요, 아빠.

Hello, Liam. 안녕, 리암.

Hello, Sohee. How are you? 안녕, 소희. 기분은 어때?

I'm okay. 괜찮아.

I'm Emma. What's your name?
나는 엠마야. 네 이름은 뭐니?

My name is Jihun. 내 이름은 지훈이야.

Liam, this is my friend, Sohee.
리암, 이 애는 내 친구 소희야.

Nice to meet you. 만나서 반가워.

Nice to meet you, too. 나도 만나서 반가워.

Bye. 잘 가.

Bye. See you later. 잘 가. 나중에 보자.

This is a bed. 이것은 침대야.

Wow, it's nice. 와, 멋지다.

What's that? 저것은 뭐예요?

It's a camera. 카메라야.

What are these? 이것들은 뭐니?

They are candles. 양초야.

Who is he? 그는 누구니?

He is my father. 우리 아빠야.

Who is she? 그녀는 누구니?

She is my mother. 우리 엄마야.

DAY 11

I'm happy. 나는 행복해.

Me too. 나도 그래.

DAY 12

I feel tired. 나는 피곤해.

Why? 왜?

7

Are you hungry? 너 배고프니?

Yes, I am. 응, 맞아.

You are busy, aren't you? 너 바쁘구나, 그렇지 않니?

Yes, I am. 응, 바빠.

How is he? 그는 어떻게 지내?

He is sick. 그는 아파.

Is he tall? 그는 키가 크니?

Yes, he is. 응, 맞아.

Is your sister thin? 너희 누나는 날씬하니?

Yes, she is thin. 응, 날씬해.

Is she shy? 그녀는 수줍음을 타니?

No, she isn't. 아니, 안 그래.

They are quiet. What do you think?
그들은 조용해. 어떻게 생각해?

I don't think so. 난 그렇게 생각하지 않아.

Are they late? 그들이 늦었니?

No, they aren't late. 아니, 늦지 않았어.

Thank you. 고마워.

You're welcome. 천만에.

I'm sorry. 미안해.

It's okay. 괜찮아.

DAY
23

I won the contest. 대회에서 이겼어.

Congratulations! 축하해!

DAY
24

Happy birthday! This is for you.
생일 축하해! 이거 네 선물이야.

How sweet of you! 넌 참 다정하구나!

I have an English test. 나 영어 시험이 있어.

Good luck! 행운을 빌어!

What a nice car! 참 멋진 자동차네요!

Thanks. 고마워.

DAY 27

How pretty she is! 그녀는 참 예쁘구나!

Yes, she is. 응, 맞아.

DAY 28

I have a cold. 나 감기에 걸렸어.

That's too bad. 그것 참 안됐구나.

15

Sorry. I broke your umbrella.
미안해. 내가 네 우산을 망가뜨렸어.

Don't worry. 걱정하지 마.

I can't dance well. 난 춤을 잘 못 추겠어.

Cheer up! You can do it well.
기운 내! 넌 잘할 수 있어.

Is it fast? 그것은 빠르니?

Yes, it is. 응, 맞아.

Are they wet? 그것들은 젖었니?

No, they aren't. 아니, 안 그래.

Look at this. 이것 좀 봐.

It's very small. 그것은 매우 작구나.

It's longer than mine. 그것은 내 것보다 길어.

You're right. 네 말이 맞아.

DAY 35

What color is it? 그것은 무슨 색깔이니?

It's blue. 파란색이야.

DAY 36

This is my bag. 이것은 내 가방이야.

Are you sure? 확실해?

Are these yours? 이것들이 네 것이니?

No, my socks are green. 아니야, 내 양말은 초록색이야.

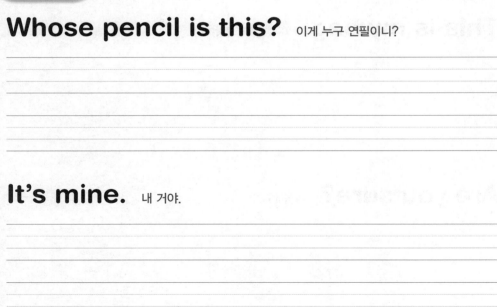

Whose pencil is this? 이게 누구 연필이니?

It's mine. 내 거야.

Is that your cup? 저게 네 컵이니?

No, it's Emma's. 아니, 그것은 엠마 거야.

Which cap is yours? 어느 모자가 네 것이니?

The red one. 빨간 거야.

I have a guitar. 나는 기타를 가지고 있어.

I have one, too. 나도 하나 있어.

I have dogs. 나는 개가 있어.

How many? 몇 마리나?

Two. 두 마리.

DAY 43

Do you have a basket? 너는 바구니가 있니?

Yes, I do. 응, 있어.

DAY 44

I don't have milk. 나한테 우유가 없어.

Don't worry. I'll get some. 걱정하지 마. 내가 좀 사 올게.

I like ice cream. 난 아이스크림을 좋아해.

So do I. 나도.

I like apples. What do you like?
난 사과를 좋아해. 넌 뭐를 좋아하니?

I like bananas. 난 바나나를 좋아해.

Do you like birds? 넌 새를 좋아하니?

Yes, I do. 응, 좋아해.

Do you like your sweater? 네 스웨터가 마음에 드니?

No, I don't like it. 아니, 마음에 안 들어.

Can you join me? 나랑 같이할래?

Sure. I like to cook. 그래. 나 요리하는 거 좋아해.

I don't like to hike. 나는 하이킹하는 것을 좋아하지 않아.

Me, neither. 나도.

What time is it? 몇 시니?

It's 3 o'clock. 3시야.

It's 9 o'clock. 9시야.

It's time for bed. 잘 시간이네.

What time do you have breakfast?
너는 몇 시에 아침밥을 먹니?

I have breakfast at 7:00. 난 7시에 아침밥을 먹어.

What day is it today? 오늘이 무슨 요일이니?

It's Sunday. 일요일이야.

What date is it today? 오늘이 며칠이니?

It's December 25th. 12월 25일이야.

When is your birthday? 네 생일은 언제니?

My birthday is April st. 4월 1일이야.

How's the weather? 날씨가 어때?

It's hot. 더워.

What's the weather like? 날씨가 어때?

It's raining. 비가 오고 있어.

It's cold. Put on your coat. 날씨가 추워. 외투를 입어라.

Okay, Mom. 네, 엄마.

I like summer. How about you?
나는 여름을 좋아해. 너는 어때?

I like winter. 나는 겨울을 좋아해.

I'm a student. What do you do?
저는 학생인데요. 무슨 일을 하세요?

I'm a nurse. 나는 간호사야.

What does he do? 그는 무슨 일을 하니?

He is a vet. 그는 수의사야.

DAY 63

Does she work at a school? 그녀는 학교에서 일하니?

Yes, she does. She is a teacher.
응, 맞아. 그녀는 선생님이야.

DAY 64

How old are you? 너는 몇 살이니?

I'm ten years old. 난 10살이야.

Where are you from? 너는 어디에서 왔니?

I'm from Canada. 캐나다에서 왔어.

Where are you? 너 어디에 있니?

I'm in the bathroom. 화장실에 있어.

Where is my ball? 내 공은 어디에 있어?

It's in the box. 상자 안에 있어.

Where is the restaurant? 음식점은 어디에 있니?

It's next to the school. 학교 옆에 있어.

Excuse me. Where is the bank?
실례합니다. 은행이 어디에 있어요?

Go straight. 곧장 죽 가세요.

Where is the shoe store? 신발 가게는 어디에 있어요?

It's on the third floor. 3층에 있어요.

DAY 71

I can ski. Can you? 난 스키를 탈 수 있어. 넌 할 수 있니?

Sure, I can too. 물론 나도 할 수 있어.

DAY 72

I can't fix it. 난 그것을 고칠 수 없어.

Sorry to hear that. 안됐다.

37

Can she swim? 그녀는 수영을 할 수 있니?

Yes, she can. 응, 할 수 있어.

Can you help me? 나를 도와주겠니?

Sure. 그럼요.

DAY 75

Can I help? 내가 도와줄까?

Yes. Please open the door. 응. 문 좀 열어 줘.

DAY 76

You can't play here. 여기서 놀면 안 돼.

I'm sorry. 죄송해요.

What do you want for your birthday?
네 생일에 무엇을 원하니?

I want a soccer ball. 난 축구공을 원해.

I want to try it. 난 그것을 먹어 보고 싶어.

Same here. 나도 마찬가지야.

Do you want to take a bus? 너는 버스를 타고 싶니?

Yes, I do. 응, 맞아.

What do you want to do tomorrow?
내일 뭐 하고 싶니?

I have no idea. 모르겠어.

Let's run. 달리자.

Good idea. 좋은 생각이야.

Let's make pizza. 피자를 만들자.

Sounds good. 좋아.

Let's play soccer. 축구 하자.

Sorry, I can't. I'm tired. 미안하지만 난 못 하겠어. 피곤해.

When shall we meet? 우리 언제 만날까?

How about 5:20? 5시 20분 어때?

Where shall we meet? 우리 어디에서 만날까?

What about at the bus stop? 버스 정류장은 어때?

Please come in. 들어오세요.

Sure. 그래.

Don't take off your shoes. 신발 벗지 마.

Oh, okay. 아, 알았어.

This pie smells good. 이 파이는 냄새가 좋네요.

Thank you. Please go ahead. 고마워. 어서 먹어라.

These noodles are yummy. 이 국수는 맛있구나.

Help yourself. 많이 먹어.

Do you want some more sandwiches?
샌드위치 더 먹을래?

Yes, please. 응, 그럴래.

DAY 91

May I help you? 도와드릴까요?

Yes, I'm looking for a lamp.
네, 저는 램프를 찾고 있어요.

DAY 92

How much is it? 그건 얼마예요?

It's $50. 50달러예요.

How much are they? 그것들은 얼마예요?

They're $80. 80달러예요.

Do you like it? 그것이 맘에 드세요?

Umm...it's too expensive. 음, 너무 비싸네요.

DAY 95

How about this mug? 이 머그잔은 어떠세요?

I like it. I'll take it. 마음에 들어요. 살게요.

DAY 96

I want a map. 저는 지도를 원해요.

Here you are. 여기 있어요.

What did you do yesterday? 어제 뭐 했어?

I visited my uncle. 삼촌을 방문했어.

How was your party? 네 파티는 어땠어?

It was great. 아주 좋았어.

DAY
99

What will you do tomorrow? 내일 뭐 할 거야?

I'll go to the park. 공원에 갈 거야.

DAY
100

What are you doing there? 너 거기서 뭐 하고 있어?

I'm watching TV. TV를 보는 중이야.